藏在十二生肖里的秘密

壹

申楠 编著

石油工业出版社

图书在版编目（CIP）数据

藏在十二生肖里的秘密 / 申楠编著. —北京：石油工业出版社，2022.12
ISBN 978–7–5183–5596–9

Ⅰ.①藏… Ⅱ.①申… Ⅲ.①十二生肖—青少年读物 Ⅳ.①K892.21-49

中国版本图书馆CIP数据核字（2022）第167743号

藏在十二生肖里的秘密
申楠　编著

出版发行：石油工业出版社
　　　　　（北京安定门外安华里2区1号楼　100011）
网　　址：www.petropub.com
编 辑 部：（010）64523616　64523609
图书营销中心：（010）64523731　64523633
经　　销：全国新华书店
印　　刷：金世嘉元（唐山）印务有限公司

2022年12月第1版　2022年12月第1次印刷
710毫米×1000毫米　开本：1/16　印张：15
字数：180千字

定价：88.00元（全三册）
（如发现印装质量问题，我社图书营销中心负责调换）
版权所有，侵权必究

前言
QIAN YAN

说起十二生肖，小朋友们可能既熟悉又陌生。说熟悉，是因为每个中国人都有一个自己的生肖属相，它从你出生的那天起与你相伴一生。说陌生，则是因为每个生肖的背后都牵涉很多知识与故事，如果不专门研究，还真不知道。

关于"十二生肖"本身，人们就提出过不少问题，比如生肖为什么都是动物，为什么生肖是十二个，等等。

很久以前，以狩猎为生的人类经常要跟动物打交道。而幽深的原始森林里，经常潜藏着很多凶恶的野兽，由于那时没有先进的工具，人类经常不是猛兽的对手，因此对动物心存敬畏之心，并且认为动物也跟人一样，有思想，有感情，于是从日常生活中选了一批常见的动物作为生肖的主角，希望它们能够守护人类。

至于数量是十二，这是因为古人把十二当作"天之大数"，从天文历法到医学艺术，都跟十二密切相关，比如：一年有十二个月、一天有十二个时辰、人体有十二经络、音乐有十二音律……仿佛世上许多事情都跟十二有关，因此生肖也定为十二个，就不足为奇了。

小朋友，你了解自己的生肖属相吗？如果还不是很了解，那就赶快打开这套《藏在十二生肖里的秘密》吧！这套书一共分为三册，分别介绍了子鼠、丑牛、寅虎、卯兔、辰龙、巳蛇、午马、未羊、申猴、酉鸡、戌狗、亥猪十二种生肖动物，以及与它们有关的小知识、小故事、小秘密。每个生肖最后还安排了一个轻松有趣的小练习，检测小朋友们的阅读学习效果。相信小朋友们一定能兴致勃勃地将这套书读下去。

由于时间仓促，加上编者自身的学识有限，书中难免存在一些不足之处，还希望陪伴孩子阅读的家长、老师，相关专家、学者，以及充满好奇心的小朋友们及时指正，以便于再版时修订。

目录
MU LU

子鼠

你了解老鼠吗 / 02

小小老鼠，本领高强 / 04

十二生肖，为什么老鼠排第一 / 06

生肖小故事 / 08

鼠神和鼠侠 / 11

诗词里的"鼠" / 12

成语故事：抱头鼠窜 / 14

古人说"鼠" / 15

属鼠的名人 / 16

生肖加油站 / 18

丑牛

- 丑牛不丑 / 20
- 牛身上的牛知识 / 22
- 牛是"劳模" / 24
- 瞧瞧这牛脾气 / 26
- 老子骑牛 / 28
- 阿凡提骑牛赛马 / 29
- 诗词里的"牛" / 30
- 成语故事：对牛弹琴 / 32
- 古人说"牛" / 33
- 属牛的名人 / 34
- 生肖加油站 / 36

老虎知多少 / 38

老虎为何是百兽之王 / 40

虎"咖"——世界上有名的老虎 / 42

武松打虎 / 44

寓言故事：狐假虎威 / 45

《两只老虎》背后的故事 / 46

诗词里的"虎" / 48

成语故事：三人成虎 / 50

古人说"虎" / 51

属虎的名人 / 52

生肖加油站 / 54

"盘一盘"兔子 / 56

小兔子乖乖 / 58

生肖小故事 / 60

经典寓言：龟兔赛跑 / 62

改邪归正的玉兔精 / 64

上古怪兔——狱兽 / 65

诗词里的"兔" / 66

成语故事：狡兔三窟 / 68

古人说"兔" / 69

属兔的名人 / 70

生肖加油站 / 72

你了解老鼠吗

◎吱吱——我是小老鼠

老鼠是世界上现存最原始的哺乳动物之一，它们的个头不大，颜色以灰色、褐色为主，整个身子有点像锥形，拖着一根长长的尾巴。老鼠的上下颌各有一对大门牙。由于门牙会终身生长，必须经常磨牙。这大概就是老鼠经常啃东西的原因。

我是老鼠，还有个小名叫"耗子"。

据科学家统计，全世界的老鼠多达 480 种，几乎遍布全世界，不论严寒还是酷暑，高山还是草原，都能看到它们瘦小的身影。这种广泛的分布说明老鼠的生命力很强，能适应复杂的环境，随遇而安。当然，遇到危险跑得快或许也是一个重要因素，这能让它们在紧急情况下及时化险为夷。

◎"耗子"的叫法怎么来的

别看老鼠个头不大，吃进肚子里的粮食却不少。

相传南朝时期，扬州有位名叫张率的官员很喜欢喝酒，处事宽容，并且对家务琐事从不介意。

有一次，张率派家僮运三千石大米回老家。等米最终运到时，张率发现居然少了一半，便问家僮原因。

家僮随即回答："被雀鼠吃了。"

张率笑着说了一句"雀鼠吃得真快啊"之后，也就没再多问。

过去运送粮食的条件比较简陋，人拉马驮的过程难免有损耗，加上又有老鼠、麻雀之类小动物的偷吃，久而久之，这种损耗便有了"雀鼠耗"的名字。而老鼠作为损耗的主力，"耗子"的称呼也就到了它的头上。

◎脏脏的身体脏脏的窝

老鼠的字典里从来没有"干净"二字。它们什么地方都走、什么地方都睡，尤其喜欢阴暗潮湿的地方。所以，你可能在荒郊野外遇见它，可能在阴暗的下水道、垃圾堆、杂物房遇见它。如果家里长期不打扫，脏兮兮、乱糟糟的，它也可能悄悄躲到你家的某个角落，趁晚上没人活动时到处参观。

老鼠不爱干净，身上藏着很多细菌和病毒，并且很容易通过皮毛、爪子，将细菌和病毒带到人类生活的环境中，从而让人类生病。像可怕的鼠疫、流行性出血热，这些疾病的传播都跟老鼠有关。直到今天，老鼠仍被列为"四害"之一，俗话说："老鼠过街，人人喊打。"

小朋友们，平时在生活中，大家也要协助爸爸妈妈打扫好家里的卫生，出门在外不要乱扔吃剩的食物、饮料，用干净整洁的环境拒绝"脏脏鼠"的到来。

小小老鼠，本领高强

◎从不挑食

一只老鼠，如果不是待在阴暗潮湿的环境里睡大觉，很可能就奔波在去厨房、粮仓的路上。老鼠之所以种类多、数量大，跟它们从不挑食的习惯有关。人类吃的东西，它几乎都吃，酸甜苦辣，来者不拒；人类不能吃的东西，它往往也不挑。老鼠不挑食，但这并不妨碍它有喜欢吃的食物，像各种大米、小麦、瓜子、花生，以及油炸食品，都是老鼠的最爱。

◎本领高强

老鼠能躲过几次物种大灭绝，在地球上生存至今，身上一定有"两把刷子"。它们的看家本领主要有以下三种：

● 打洞

什么土堆、木篱笆，这些障碍通通不在老鼠的眼里。只要不是结实的钢筋混凝土，像泥土垒的墙角旮旯、石头下的荒地、木头搭的牲口圈，这些地方都可以打洞造窝，变成它们临时的家。

● 攀爬

老鼠的爪子可以弯成非常特殊的弧度，像攀岩的钩爪一样，具有很强的抓力，即便是垂直于地面的墙、树、电线杆，它都能非常轻松地爬上爬下，速度很快还不容易摔下。

● 游泳

老鼠虽然是生活在陆地上的哺乳动物,但天生就掌握了一身高强的游泳本领。游泳时,后脚负责划水,前脚和尾巴控制方向。为了躲避敌人,它们甚至还能短时间潜到水下。老鼠的耐力也很强,水里游个一两天都没啥问题。

有这三种看家本领护体,很多动物拿老鼠都没办法。也许正是这样,原本胆小的老鼠有时也会胆大包天。

> 我真是太灵活了!

◎ 超级谨慎

靠跟天敌硬碰硬,小老鼠肯定活不到今天,小心驶得万年船才是它们活命的法宝,具体表现在三个方面:

第一,无与伦比的嗅觉。老鼠长期生活在暗处,这种环境让它们的嗅觉变得格外强大,就算看不清,还能靠鼻子闻。如果附近的空气中弥漫着敌人的味道,老鼠是一定不会乱动的。

第二,绝对安全才出洞。老鼠一般会宅在窝里,要出门一般也会选在晚上。出洞时,老鼠一定会先悄悄探出脑袋,确定安全后便"嗖"的一下溜出来。此时要是有一丁点响动,它又会立即逃回洞里。

第三,走熟路。老鼠窝总是离食物和水源不远。即便这样,它们也会摸索出一条相对安全的"吃喝之路",然后每次都沿着这条路走。如果在沿途遭到了攻击,老鼠下次就会绕开这里。

十二生肖，为什么老鼠排第一

十二生肖里的其他动物，要么本领比老鼠强，要么比老鼠更讨人喜欢，再不济也是跟老鼠平起平坐，可为什么不惹人爱、人人喊打的老鼠，偏偏排在十二生肖的第一位呢？原来，这里面藏着十二生肖与十二地支的有关知识，并且与老鼠的生活习惯密不可分。

子鼠的子，指的是"子时"，是十二时辰之一，对应现在的23点到次日1点。昼伏夜出的老鼠在这个时段最活跃，因此人们便将子时和老鼠捆绑在了一起。

另外，中国人自古便相信阴阳之说。古人按照动物足趾数的奇偶，将12种动物分为阴、阳两类。动物的前后左右足趾数一般是相同的，唯独老鼠前足有四趾，而后足有五趾，是奇偶同体。秉着"物以稀为贵"的原则，就把老鼠排在了第一位。

◎十二时辰有哪些？

时辰	对应时段	对应生肖
子时	23时～1时	鼠
丑时	1时～3时	牛
寅时	3时～5时	虎
卯时	5时～7时	兔
辰时	7时～9时	龙
巳时	9时～11时	蛇
午时	11时～13时	马
未时	13时～15时	羊
申时	15时～17时	猴
酉时	17时～19时	鸡
戌时	19时～21时	狗
亥时	21时～23时	猪

我国古代的劳动人民把一个昼夜划分成 12 个时段，每个时段就是 1 个时辰。

一天有 12 个时辰，每个时辰相当于现在的 2 个小时。

生肖小故事

◎齐天峰排位赛

相传,玉皇大帝一直有个想法,想选出十二种优秀的动物作为天庭的守护神,每年轮流值班。究竟该怎么选呢?经过一番思考后,玉皇大帝决定生日那天在齐天峰举办一场隆重的宴会,按到场的先后顺序决定天庭守护神的资格。玉皇大帝与天官讨论了具体细节之后,便下旨将邀请函送到所有动物的手里。

选拔的内容很简单,有志向参加选拔的动物将在卯年卯月卯日从各自的家里出发,按照实际爬上齐天峰到天庭报到的顺序来排位。其中,最先到达的将被玉皇大帝封为"生肖王",也就是位列各生肖之首,并且还能获得一件由玉皇大帝赏赐的金袍。一时间,"率先登上齐天峰,成为天宫守护神"成了不少动物心中的愿望。

不过,要想登上巍峨的齐天峰并不容易,且不说距离远、时间紧,沿途还充满了危险,没点本事,还真没办法在规定的时间爬上去。但为了这份无上的荣耀,大家依旧争先恐后地报名登记,并且为了争一个好名次而摩拳擦掌,磨炼武艺。

很快,玉皇大帝的大寿之日到了,尽管天还没亮,但"挑战齐天峰"的争夺早已在黑夜中悄悄开始,报名参赛的动物们纷纷趁着夜幕,踏上了通往峰顶的道路。

◎鸡贼鼠与憨憨牛

漫长的登山路对身材矮小的老鼠来说,显然又长又难。尽管天不亮就起来赶路,然而才走了一小段路,老鼠就累得不行了。"照这样走下去,得走到什么时候啊!"老鼠开始发愁了,"等我走到天宫,怕是宴会都结束了。"正当老鼠为如何赶到天宫而犯难时,老牛迈着矫健的步伐朝它走来。老鼠眼珠一转,一条妙计涌上心头。

"牛哥牛哥,咱们一块儿赶路吧!"老鼠扯着嗓子朝老牛喊道。

老牛低下头,顺着声音传来的方向看了一大圈,最后才看到站在自己前面的小老鼠。"怎么,你也要去爬齐天峰争位次吗?"老牛问。

老鼠连忙回答:"是的是的,牛哥带我一程吧!"

老牛没有多想,觉得漫漫长路上有个伴也挺好,而且和自己相比,这芝麻大的小老鼠能构成什么威胁?于是牛跟老鼠就一起上路了。到了后半程,老鼠说自己走不动了,希望老牛能帮帮忙。老牛哪能猜到老鼠的小心思,心一软,就让老鼠坐到了它的头上。

路上的各种问题几乎都是老牛解决的,而老鼠则假装睡着了,躺在老牛身上养精蓄锐。快到终点时,老牛早已疲惫不堪。算准了距离的老鼠"嗖"的一下从牛头上跳下来,抢先一步迈进了天宫的大门。

就这样,凭借敏捷的身手和一点小聪明,老鼠坐到了十二生肖之首的位置,而老实的牛则是第二个到达,排在老鼠后面。据说牛现在生气时鼻孔会喘大气,就是这个时候被老鼠气出来的习惯呢。

◎睡过头的猫

老鼠排在生肖榜第一,那捉老鼠的猫为什么没上榜呢?这就是另外一个故事了。

相传齐天峰排位赛之前,猫和老鼠还是朋友。虽说不是亲密无间,但至少能一起生活。

猫有个习惯——喜欢睡懒觉。平时有些高傲的猫,一般的事情也不喜欢去争,但对进天庭当守护神这件事却格外上心。由于担心排位赛那天因为睡懒觉起不来床,猫再三叮嘱老鼠,出发那天早上一定记得叫上它。老鼠想也没想就答应了,结果到了出发那天,老鼠一心想着早点走,把叫猫起床的事忘得一干二净。

猫一直呼呼大睡到日上三竿,太阳晒屁股时才睁开沉重的眼皮。它用爪子揉了揉眼睛,感受到耀眼的阳光之后,心里咯噔一下。"坏了!"随后愤怒地大喊了一声"喵呜——",撒开腿往齐天峰狂奔,心里暗暗喊着:"老鼠,你给我走着瞧!"

尽管猫使出浑身解数,但毕竟路程太远,最终没有赶上。等它气喘吁吁赶到齐天峰时,宴会早就开始了。老鼠沉浸在夺冠的喜悦中,直到发现了迟到的猫。猫则强压心中的怒火,直到宴会结束。散场后,猫打算找老鼠算账,但根本找不到它。原来,老鼠早就悄悄溜走了。

据说,猫和老鼠就这样成了宿敌,开始了你抓我藏、水火不容的生活。

鼠神和鼠侠

◎ 大耗星君是"仓神"

我国一些地方，有每年正月祭祀仓神的习俗，这种习俗的祭祀对象就是老鼠，一般选在正月二十五日这天。《燕京旧俗志·岁令篇》中就提到"大耗星君，所以配享此君者，传系掌管仓中之耗子"。这天夜里，家家户户都会炒芝麻糖，其中一部分是专门为老鼠准备的。选择在这天喂饱"仓神"，就是希望它平时口下留情，少偷吃些粮食。

◎ 鼠辈也有英雄

"人人喊打"的老鼠其实也有比较正面的形象。比如中国武侠小说的开山鼻祖——《三侠五义》，书中几位主人公是结拜兄弟，住在陷空岛。他们武艺高强，行侠仗义，人称"五鼠"，也就是书名中的"五义"，分别是：钻天鼠卢方、彻地鼠韩彰、穿山鼠徐庆、翻江鼠蒋平、锦毛鼠白玉堂。五鼠最著名的事就是"五鼠闹东京"，不少电影、电视剧都演绎过这个故事，河南豫剧也有这个曲目，算是正派老鼠的典型。

藏在十二生肖里的秘密

子鼠 —— 灵活、敏捷

诗词里的"鼠"

老鼠这种生肖形象在古代诗词中经常出现,而且往往有特殊的含义,像《诗经》中的《硕鼠》,唐朝诗人曹邺写的《官仓鼠》,都是脍炙人口的名篇。

硕鼠

[先秦] 佚名

硕鼠硕鼠,无食我黍!三岁贯女,莫我肯顾。
逝将去女,适彼乐土。乐土乐土,爰得我所。
硕鼠硕鼠,无食我麦!三岁贯女,莫我肯德。
逝将去女,适彼乐国。乐国乐国,爰得我直。
硕鼠硕鼠,无食我苗!三岁贯女,莫我肯劳。
逝将去女,适彼乐郊。乐郊乐郊,谁之永号?

简析

硕鼠就是大老鼠。这首诗把封建时期的剥削者比作又肥又大的老鼠,体现他们贪婪狡猾、从不考虑别人死活。由于这些人的存在,普通劳动者都活不下去了,只想去寻找他们理想的乐土。

12

官仓鼠

〔唐〕曹邺

官仓老鼠大如斗，
见人开仓亦不走。
健儿无粮百姓饥，
谁遣朝朝入君口。

简析

这首诗借"官仓鼠"来比喻肆无忌惮搜刮民脂民膏的贪官污吏，揭露了当时一些地方官只管中饱私囊，完全不顾百姓疾苦的腐朽本质。

子鼠　丑牛　寅虎　卯兔

跟"鼠"有关的儿歌

一

小老鼠，上灯台，偷油吃，下不来。

喵喵喵，猫来了，叽里咕噜滚下来！

二

小老鼠，坏东西，偷吃粮食偷吃米。

我们编个老鼠笼，一下就能捉住你。

成语故事：抱头鼠窜

 出处　西汉·司马迁《史记·淮阴侯列传》

 释义　抱着脑袋，像老鼠一样乱窜，形容急忙逃走的狼狈相。

秦朝末年，楚汉相争时，由于萧何的力荐，刘邦任用韩信为大将，成功攻下齐国，占据黄河下游地区，韩信也因此被封为齐王。刘邦要韩信追击楚军。这时蒯通劝韩信，趁刘邦和项羽在打仗，赶紧脱离刘邦自立为王。韩信不同意："我不能忘恩负义，毕竟刘邦对我一直非常好。"

为了说服韩信与刘邦、项羽三分天下，蒯通说了另一件事。当年常山王张耳与成安君陈馀是同生共死的好友。一次，张耳被困在巨鹿，曾向陈馀求救，但陈馀并没有全力相助，两个人反目成仇。最后，战败的张耳在走投无路时背叛了恩人项羽，并且斩杀了身旁无罪的项氏亲属项婴，抱着项婴的头像老鼠一样逃窜，投靠刘邦去了。

后来，抱头鼠窜这个词就用来形容人在急忙逃走时的狼狈相。

古人说"鼠"

下面这些成语、谚语、俗语、歇后语都带有"鼠"字，小朋友们不妨读一读，记一记：

鼠目寸光

投鼠忌器

贼眉鼠眼

胆小如鼠

老鼠过街，人人喊打

一粒老鼠屎，坏了一锅汤

老鼠留不住隔夜粮

老鼠看天——小见识

老鼠逗猫——没事找事

老鼠管仓——越管越光

出洞的老鼠——东张西望

子鼠　丑牛　寅虎　卯兔

小朋友，下面这些跟鼠有关的谜语，你能猜出来吗？

1. 飞着活像鸟，坐下好似猫，夜里去捕鼠，数它武艺高。（打一鸟类）
2. 嘴尖尾巴长，偷油又偷粮，白天洞里躲，夜晚出来忙。（打一动物）
3. 尖嘴尖牙齿，留着小胡子，贼头又贼脑，夜里干坏事。（打一动物）

答案：1. 猫头鹰　2. 老鼠　3. 老鼠

藏在十二生肖里的秘密

子鼠——灵活、敏捷

属鼠的名人

◎魏征

魏征是唐朝的一名宰相，他有很多头衔，如政治家、思想家、文学家、史学家等等。他的最大特点就是说话直爽，哪怕跟皇帝唐太宗进谏也是这样。唐太宗偏偏也喜欢他这种性格，于是在位期间对魏征非常重用。由于成功辅佐唐太宗创建"贞观之治"的大业，魏征也被后人誉为"一代名相"。

◎上官婉儿

上官婉儿也叫上官昭容，是唐朝一位非常著名的才女。不过，婉儿的童年过得并不幸福，由于祖父上官仪获罪被杀，全家受牵连而随母郑氏进宫为婢。尽管如此，她的母亲仍旧坚持让她好好读书。功夫不负有心人，十四岁那年，武则天皇帝看中了她的才华，随后得到重用，成为一名女官，长期负责帮皇帝草拟诏令。后来更是被人们誉为"巾帼宰相"。

◎杜甫

杜甫,字子美,自号少陵野老。他是我国唐朝一位非常伟大的现实主义诗人,他忧国忧民,人格高尚,诗艺精湛,为我们留下了许多作品。据不完全统计,杜甫流传下来的作品差不多有1500首,而且水平都很高,一般人写不出来。他写的诗有"诗史"之称,他本人也被后人尊称为"诗圣"。人们还喜欢将他和大家熟知的另一位诗人李白相提并论,二人合称"李杜"。

◎齐白石

齐白石是我国近现代时期非常有名的书画家,也是一位世界级的文化名人。齐白石从小就喜欢画画,小时候学木工的他,只要有空就会拿起笔练习画画。经过长期练习,齐白石的画形成了独特的风格,擅画花鸟、虫鱼、山水、人物,特别是画虾,简单几笔就能活灵活现,堪称神奇。为了认可齐白石在绘画领域的造诣,文化部曾授予他"人民艺术家"的称号。

生肖加油站

小朋友，我有几个问题要考考你，你能回答吗？

1. 下面哪个动物不在十二生肖中？
   A. 猫　B. 兔　C. 蛇　D. 鸡

2. 以下哪项不是小老鼠的特征？
   A. 会打洞　B. 能攀爬　C. 擅游泳　D. 跳着走

3. 看完这一章，你对老鼠了解多少呢？试着自己讲一讲吧。

小朋友，能不能请你画一只你心目中的老鼠送给我呀？

答案
1.A
2.D
3.略

丑牛不丑

◎ **牛有牛的美**

　　小朋友，读过前面的内容，知道"子鼠"的意思之后，相信你就明白"丑牛"是怎么回事了。在十二生肖中，牛位列第二；在十二时辰中，丑时排在第二，丑和牛就这样结合在一起，成了"丑牛"。

　　事实上，"丑牛"并不丑，仔细观察你就会发现，像黄牛、牦牛、奶牛等，它们其实长得还挺好看。

我的牛兄弟们可太酷了！

◎五牛图

中国十大传世名画中,有一幅就是以牛为主题的《五牛图》。

《五牛图》是由我国唐朝画家韩滉创作的,是由唐代传承至今并且完好保存的真迹纸绢画,它还是我国目前现存最古老的纸本中国画。

画中的五头牛从右到左一字排开,样貌姿态各不相同。其一低着头吃草,顺带用身子在石头上蹭痒;其二抬起头,迈着步子慢慢前行;其三则站在原地,抬头哞叫;其四则边走边回头,还把嘴里的舌头伸了出来;最左边的那只牛,头上还缠着红色的绳套,看来它今天不用干活,似乎正在享受难得的假期。

据说这幅画是韩滉一次外出旅游时,看到几头正在田间劳作的牛有感而发,便立即让随从备纸研墨,在野外速写了一幅草稿,然后再经过多次修改才画成的。

都说劳动最光荣。爱劳动的牛,当然不是"丑牛"啦!

《五牛图》这幅画长139.8厘米,宽20.8厘米,现在收藏在北京故宫博物院中,感兴趣的小朋友可以在爸爸妈妈的陪同下前往,感受国宝的魅力。

藏在十二生肖里的秘密

丑牛——勤劳、忠厚

牛身上的牛知识

◎ 牛有四个胃

我们知道，人有一个胃，用来暂时储存那些好吃的、好喝的，让它们在这里初步加工、消化，再让肠道精加工，变成身体需要的各种营养物质。如果哪顿饭你不小心吃多了，肚子鼓起来的地方就是胃。

牛也有胃，但和人类不同的是，它居然有四个，依次叫瘤胃、网胃、重瓣胃和皱胃。如果把牛的整个胃比作一套房子，这四个胃就像里面的四间屋子。

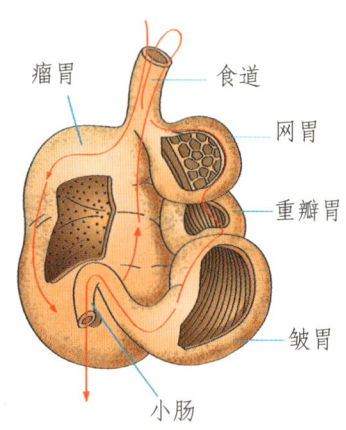

瘤胃很大，却不是真正的胃，主要为狼吞虎咽的牛暂时存放食物，然后初步发酵、分解。一部分食物通过瘤胃的收缩，重新回到口腔，经过进一步咀嚼后再咽下。

初步加工好的食物会在网胃和瘤胃间蠕动，从而进行混合及研磨。

重瓣胃就是涮火锅时吃到的"牛百叶"，它主要是继续磨细食物中的粗糙部分，同时吸收食物中的水分。

皱胃才是真正的胃，牛吃下去的食物将在这里完成消化进入肠道。

这是一条有味道的科普知识！小朋友们，你们吃饭时可要注意，一定要细嚼慢咽，因为你们的身体里，并没有牛这样强大的胃，要是像我们这样狼吞虎咽地吃饭，你们可能就要去医院了。

22

◎不一样的牛，一样的雄壮

牛是最常见的动物之一，像奶牛、黄牛、水牛、牦牛等，它们都是庞大牛类大家族中的一员，都是以草为生的素食主义者，足迹几乎遍布全世界。不过，尽管这些牛形态各异，生活的环境也大不相同，但它们的个头却是如出一辙的威武雄壮。很多动画片中都把牛画成大力士的形象，这跟它们体格健硕是密不可分的。

牛的骨骼硕大又强健，颈部、肩部或背部由于有脊骨的支撑，加上发达的肌肉，通常都会形成隆起，一眼望去给人一种壮实的感觉。

牛的腿部肌肉格外结实，擅长长途行走和长跑，如果要比谁走得远，估计专业的竞走运动员都不是牛的对手。

另外，不论公牛还是母牛，头上都长着光滑的角，这也会让牛看起来更加雄壮。

不管是奶牛、水牛，还是牦牛、黄牛，都是壮牛！

藏在十二生肖里的秘密

丑牛——勤劳、忠厚

牛是"劳模"

◎耕地的好帮手

牛的力气很大，古人便将犁耙套在牛身上，赶着牛往前走，用它的大力气把土翻松，以便于播种插秧。生活中经常见到的黄牛、水牛等，都是耕田犁地的好帮手。现在，在一些偏远山区或者小块的不规则田地里，牛依旧是人类耕种的好帮手。

在人类几千年的农业生产中，牛立下了汗马功劳。古时候的中国是传统的农业社会，耕牛是最主要的生产工具，任劳任怨的性格也让牛成了中国传统文化中勤劳的象征，历朝历代都受保护，《礼记》中就有"诸侯无故不杀牛"的说法，无故杀牛将要受到刑罚。据说汉朝时，连牛的主人也不能轻易杀牛。

◎运输的主力军

古时候没有汽车、火车、飞机，人类要把物资运到外地就需要依靠动物，除了众人皆知的马，牛其实也是古代运输挑大梁的动物之一。

牛的骨骼非常强壮，背也很宽厚，古人早就看中了牛的这些优点，把它当成远行的座驾。从现有的考古数据看，早在3000多年前的商代，

24

人类就发明了牛车。三国时期,蜀国伐魏的栈道运输就曾用到了牛。

牛虽然走得没有马快,但却能比马承受更大的重量,一趟能拉走更多的货物。走得慢的牛,步履平稳,相比马车的颠簸感更小,如果在牛背上再垫一层厚厚的坐垫,就可以非常稳当地出行了。大家熟悉的诗句"牧童骑黄牛,歌声振林樾",里面的小牧童就是骑着忠实的老黄牛,一边在林间漫步,一边放声高歌的。

◎牛奶的供应者

奶牛在生下小牛之后就会开始产奶。一年365天,它要"工作"305天左右,剩下的60天是休奶期。一头奶牛的平均寿命约为30年,但产出优质奶水的时间却只有4～5年,而且超过15岁的奶牛就不能产奶了。可以说,奶牛的一辈子里,最好的时光几乎都在辛勤产奶。所以,小朋友们喝牛奶的时候可不要浪费,这里面既有奶牛的辛勤奉献,还有挤奶工人们的劳动付出,要学会珍惜哟!

悄悄告诉你一个秘密,奶牛不全是母牛噢!

小朋友,你知道吗,奶牛是牛科动物的一个品种,它也有公母之分。不过,公奶牛并不产奶,生活中也不常见到,它们的主要任务是繁殖后代。平时在生活中或者电视里经常看到的那些能产奶的奶牛,都是母奶牛。

瞧瞧这牛脾气

大多数时候，牛都是一种温和友善的动物，是人类的好朋友、好搭档，能完成艰巨的工作任务。不过，可别把牛惹急了，它的脾气一上来，谁都拦不住。

◎牛发脾气了

牛虽然是耕田的得力助手，但也确实存在一个缺点——动作慢。它总是不慌不忙地迈着步子，慢腾腾地翻着身后的地。这时人能做的事情，就是耐心等它按这个节奏把活干完。假如赶牛的是个急脾气的农夫，不停地催促耕牛"走快点"，这时会发生什么事情呢？

答案就是牛会发脾气。牛号称动物界最固执的动物，脾气格外臭。不过，它就算发脾气，也不轻易朝人撒火，只是哞哞叫两声宣告自己罢工了，然后就待在原地生闷气。牛的体格本身就很强壮，加上故意站着不动，这时就是安排十个人用绳子拖也没用。除非它的倔脾气消了，否则真是一点儿办法也没有。

◎牛打架了

平时不轻易生气的牛也有凶悍的一面,如果牛和牛打起架来,那真是一发不可收拾。

尖尖的角是牛身上最锋利的武器。两头牛打架时,会用自己的牛角顶着对方,并且用尽全力,互不相让。在这个过程中,牛角可能会因为互顶而断裂、掉落,也可能将皮肤划破,血流如注,但即便这样,牛也不会后退,直到一方精疲力竭,战斗才会结束。

基于牛的这种不认输、不回头的特点,人们创造了"钻牛角尖"这个词,用来形容一个人非常固执。

◎火牛阵

火牛阵是一种战术,它是我国古代将士利用牛的急脾气和牛发怒容易失控的特点创造的。

相传战国年间,燕齐两国交战,齐国一度输到只剩两座城池,双方在墨城僵持不下。此时,燕国新上任的燕惠王听信谣言,撤了之前取得连胜的大将。齐国损兵折将很严重,外面又被重兵包围。就在这危急关头,城内的将领田单想到了一个计策。

在了解城里的物资情况后,田单做了一系列准备,其中一项就是征集 1000 多头牛,并且给牛角绑上利刃,给牛尾拴上浸油的芦苇,趁敌军放松警惕时点火赶牛。被烈火激怒的牛群一路横冲直撞,发疯似的跑向城外,毫无防备的敌军伤亡惨重,节节败退。而齐国则乘胜追击,一口气收复了多座城池。

老子骑牛

老子是我国古代著名的哲学家、思想家，是道家学派的创始人，周朝时曾担任管理国家藏书的官职，相当于现在的图书馆馆长。

下面这幅画叫《老子骑牛图》，它是我国宋代著名画家晁补之创作的一幅国画作品，目前真迹收藏在中国台北故宫博物院中。画里正中间那位光秃尖顶、宽额留须、眉毛浓黑、双眼有神的圆脸老人就是老子，只见他身穿右衽长袍，腰系缚带，正骑乘在一头健壮的牛身上。

相传，这幅画讲述的是老子骑牛过函谷关的故事。

据史料记载，老子生活的时期，周王朝衰败，各诸侯国争权夺利，内战四起，百姓颠沛流离。老子无心参与这场内乱，于是离开故土，骑着青牛一路向西徐徐而行。路过函谷关时，把守的官员因很佩服老子而热情留他著述，相传老子就在这里写下了著名的《道德经》，为中国文化留下了珍贵的墨宝。

阿凡提骑牛赛马

相传很久很久以前,阿凡提和一位王子之间发生了一件有趣的事情。

有一天,国王让王子骑着最好的骏马去参加赛马比赛。路上,王子遇到了骑牛赶路的阿凡提。王子看到后,便有些好奇地问:"阿凡提,你骑着牛去哪儿啊?"

阿凡提回答:"去参加赛马。"

王子大吃一惊:"骑牛?难道牛比马要跑得快吗?"

阿凡提得意地解释道:"别的牛我不知道,我只知道这头牛在它很小的时候就能挣脱缰绳,飞奔到门外。我爸爸骑着马儿出去追,最后也没抓到它。可见它比马还跑得快呢!"

王子打量着眼前的这头壮牛,觉得阿凡提不像是在骗人,一想到骑着它,必定能拿到比赛的冠军,于是心中暗自高兴,就用自己的骏马跟阿凡提的壮牛做了交换。完成交换后,只见阿凡提一番策马扬鞭,一溜烟地消失在了王子的视野里。最后,骑着骏马的阿凡提夺得了赛马的冠军。

骑着壮牛的王子后来怎么样了?那当然是骑着牛在路上慢悠悠地走啦!因为直到比赛结束,那头壮牛也没有将他带到赛场。

我的牛跑得比马快,你信不信?

藏在十二生肖里的秘密

诗词里的"牛"

牛与人们的日常生活联系紧密，它在诗中出现的频率也非常高，而且大都暗含勤劳、奋斗、坚持不懈等积极向上的意思。

自嘲

鲁迅

运交华盖欲何求，未敢翻身已碰头。
破帽遮颜过闹市，漏船载酒泛中流。
横眉冷对千夫指，俯首甘为孺子牛。
躲进小楼成一统，管他冬夏与春秋。

简析

这首诗最著名的句子是第三联——横眉冷对千夫指，俯首甘为孺子牛。意思是横眉怒视千夫所指的人，俯身低头甘愿为老百姓做牛做马。它是鲁迅的一句名言，表现了他对敌人决不屈服，对人民甘愿服务的态度。

丑牛 —— 勤劳、忠厚

老黄牛

臧克家

块块荒田水和泥，
深翻细作走东西。
老牛亦解韶光贵，
不待扬鞭自奋蹄。

简析

　　一块块荒田中的水与泥和在一起，难以开垦，即便这样，老黄牛仍旧踏踏实实、一丝不苟地努力，老牛也知道时光的宝贵，不用人们扬鞭催赶也会奋蹄向前。这首诗的前两句介绍了老黄牛耕地的勤劳与艰苦，后面两句则是作者臧克家借老黄牛比喻当时年迈的自己，表达"就算年过古稀也要自强不息"的态度。

子鼠　**丑牛**　寅虎　卯兔

31

藏在十二生肖里的秘密

成语故事：对牛弹琴

出处　东汉·牟融《理惑论》

释义　用来比喻跟不讲道理的人讲道理，对外行人说内行话。现在也用来讥笑说话的人不看对象。

春秋时期，鲁国音乐家公明仪能作曲、能演奏，七弦琴弹得尤其动听，很多人都喜欢听他弹琴，个个对他敬重有加。

一天，他来到郊外，迎着徐徐春风，看着轻垂的杨柳，见一头黄牛正在低头吃草。公明仪一时兴起，便摆开架势，给这头牛弹起了高雅的乐曲——《清角》。一曲终了，老黄牛仍然低头一个劲地吃草，对公明仪的弹奏无动于衷。

公明仪心想：或许这支曲子太高雅了，牛听不懂，应该换个简单的曲调。没想到换了一首之后，老黄牛仍然毫无反应。

公明仪不甘心，便拿出看家本领，弹了最拿手的曲子。这回老黄牛也只是甩了甩尾巴，赶走牛虻，继续吃草。

公明仪又用古琴模仿蚊子"嗡嗡"的叫声，还模仿离群的小牛犊发出的哀鸣声。老黄牛便立刻停止吃草，抬起头，竖起耳朵，摇着尾巴，来回踏着步，注意听着。最后，老黄牛慢悠悠地走了，换个地方去吃草了。身边的人安慰说："不要生气了！不是你弹得不好，而是这牛实在听不懂高雅的音乐。"最后，公明仪只好抱着琴回去了。

丑牛——勤劳、忠厚

这首曲子好听吗？

哞——

古人说"牛"

下面这些成语、谚语、俗语、歇后语都带有"牛"字,小朋友们不妨读一读,记一记:

牛高马大

九牛一毛

汗牛充栋

庖丁解牛

牛不吃水强按头

好马不停蹄,好牛不停犁

牛无力拉横耙,人无理说横话

老牛走路——不慌不忙

耗子钻牛角——越钻越紧

指着黄牛便是马——信口雌黄

抱着琵琶进磨坊——对牛弹琴

小朋友,下面这些跟牛有关的谜语,你能猜出来吗?

1. 小小一头牛,看着像纽扣,别看力气小,背着房子走。(打一动物)
2. 是牛从来不耕田,体矮毛密能耐寒,爬冰卧雪善驮运,高原之舟人人赞。(打一动物)
3. 一头牛,真厉害,猛兽见它忙避开,它的皮厚毛稀少,角是珍贵好药材。(打一动物)

谜底:1.蜗牛 2.牦牛 3.犀牛

藏在十二生肖里的秘密

丑牛 —— 勤劳、忠厚

属牛的名人

◎诸葛亮

诸葛亮，字孔明，号卧龙，是三国时期蜀汉一位非常著名的丞相，也是一位杰出的政治家、军事家。足智多谋的他在《隆中对》里为刘备描述了一个战略远景；与此同时，他也是一位文学家，创作了著名的《出师表》《诫子书》；另外，他还是一位发明家，运粮神器木牛流马、武器诸葛连弩，以及大家熟悉的孔明灯等，都与他有关。他一生"鞠躬尽瘁、死而后已"，是我国传统文化中忠臣与智者的典型代表。

◎刘备

刘备是三国时期蜀国的开国皇帝，是历史上一位著名的政治家。他用以德服人的观念赢得了世人的尊敬与信任，以至于当时像陶谦、刘表等一代群雄甘愿让后代放弃继承基业，将管辖的徐州、荆州交给刘备统领；另外，刘备对优秀的人才非常爱惜，其中最有名的莫过于"三顾茅庐"了——为邀请诸葛亮出山，刘备主动放下君王身段，不仅亲自跑了三趟，而且甘愿拜他为军师。诸葛亮也正是被这份诚意感动，同意出山，辅佐刘备完成大业。

◎李白

唐朝的李白是大家再熟悉不过的伟大诗人了,太白是他的字,青莲居士是他的号。他一生写过很多非常有名的作品,如《望庐山瀑布》《早发白帝城》《蜀道难》《将进酒》等等。由于这些作品的风格如行云流水一般豪迈奔放,飘逸如仙,后人便用"诗仙"的美名来称赞他。同时期的另一位著名诗人杜甫对李白更是十分仰慕,写下了"笔落惊风雨,诗成泣鬼神"的句子来表达对李白的高度认可。

◎苏轼

苏轼也叫苏东坡,名号"东坡居士"。生活在北宋时期的他,才能多种多样,既会写诗写词,又会书法绘画,据说还是一位美食家。其所写的诗词气势豪放,所作的文章著述宏富,被称为"唐宋八大家"之一,他的很多作品大家都耳熟能详,特别是《水调歌头·明月几时有》这首词,几乎每个中国人都能背出其中几句。更难得的是,"唐宋八大家"一共八个人,苏轼和他的父亲苏洵、弟弟苏辙占三席,苏家可以算得上真正的"书香门第"了。

生肖加油站

小朋友，我有几个问题要考考你，你能回答吗？

1. 下面哪个不是牛的特征？
   A. 勤劳　B. 倔强　C. 走得远　D. 跑得快

2. 你还记得牛有几个胃吗？
   A. 2　B. 3　C. 4　D. 5

3. 看完这一章，你对牛了解多少呢？试着自己讲一讲吧。

小朋友，能不能请你画一只你心目中的牛送给我呀？

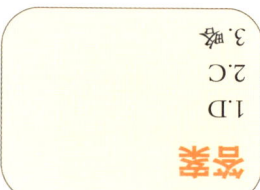

答案
1. D
2. C
3. 略

老虎知多少

◎头顶大王，身穿花袄

说起老虎，相信每个小朋友都不陌生。圆圆的脑袋上有一对短耳朵，大大的眼睛上面有一弯白眉毛，宽宽的嘴巴两边长着又长又硬的胡须，不过，最显眼的应该是额头上的"王"字花纹了。粗短的脖子下面是矫健的身躯，身披一件或浅黄、或棕黄、或白色的"大花袄"，上面交错着数不清的黑色条纹，四肢强壮有力，长长的尾巴上有一圈圈黑色条纹绕成的圆环，总体看上去英姿飒爽，不愧是"百兽之王"。

老虎没有固定的家，常常在森林与树丛中游荡、觅食。老虎不是夜行动物，但喜欢在光线不太好的时候活动，像天蒙蒙亮或者夜幕降临前，老虎就会精神抖擞地出来捕猎；而到了白天，老虎更喜欢躲在草丛里呼呼大睡。

小老虎大概要在虎妈妈的体内生活105天才能来到世界上，再经历5～6个月的哺乳期成为虎宝宝。接着，虎妈妈会陪伴虎宝宝成长2～3年，教会它们埋伏、出击、捕猎等。野生老虎的平均寿命大约是20～25年，虎宝宝长大后便会和妈妈分开，独自生活在山野中，开始它们百兽之王的新征程。

◎ 老虎也叫"大猫"

你可能还不知道，凶猛的老虎还有一个萌萌的外号——大猫。不过小朋友可别被这称呼误导了，以为老虎会像猫一样"喵喵"叫，可以把它们养在家里当宠物。那么,这个萌萌的外号是怎么来的呢？原来，最根本的原因是老虎属于猫科动物。

猫科动物是一种肉食哺乳动物，在亚洲、非洲、北美洲、南美洲、欧洲、大洋洲等 6 个大洲都能见到它们的身影。猫科动物的听觉非常敏锐，它们可以通过调整耳朵来更好地搜索声音，甚至能捕捉到一些人类根本注意不到的细小响动；猫科动物的嗅觉也非常灵敏，多达 1900 万根的嗅觉神经，能让它们闻到空气中微弱的异味；所有猫科动物都有 230 块骨头、30 枚左右的牙齿、长长的胡须，这些"猫性"老虎都有；猫科动物还有良好的平衡力和跳跃力，它们可以从高处跳下，然后轻轻着地，并且毫发无伤；猫科动物也有大小之分，而在野外生活的大型猫科动物中，老虎的体型最大。

考虑到上面这些原因，人们认为老虎是大型猫科动物的代表，并亲切地称它为"大猫"。

藏在十二生肖里的秘密

寅虎——霸气、威猛

老虎为何是百兽之王

人们习惯称老虎为"百兽之王",主要来自下面三个原因。

◎强壮有力

不论哪种老虎,身形都不秀气,其中东北虎最健壮,体重可达300多千克。老虎的手掌也是猫科动物中最大的,一爪子用力拍下去的力量高达1吨。而且抓捕猎物时,爪刺的深度有11厘米,锋利的爪刺能扎进大部分猎物的皮下,确保猎物没有机会逃跑。

老虎的牙齿也很厉害,它的犬齿在所有猫科动物中也是最长的,可以达到7厘米,嘴巴的咬合力非常惊人,能轻易穿透一般动物的脊椎骨。这为它们吃掉猎物提供了很大的方便。

有科学家曾做过一个测试,让3位成年男子和老虎比赛拔河。只见3位男子在绳子的一头齐心协力,使出吃奶的力气往后拉拽,老虎则在另一边咬住缰绳不放。你猜结果如何?当然是老虎赢得了比赛!

我可是百兽之王。

体重大跟力气大意味着消耗大,于是老虎也成了当之无愧的大胃王。一只成年老虎一次可以吃掉30千克肉,相当于一顿饭吃掉大约15只北京烤鸭。这饭量是不是很惊人呢!

◎ 短跑健将

老虎是世界上短跑速度最快的动物之一。成年的老虎，奔跑的平均速度大约为每小时 54 千米。这个速度有多快呢？目前世界飞人博尔特的 100 米短跑记录时间是 9 秒 58，而老虎用它的奔跑速度跑 100 米，大概只要不到 7 秒时间。然而，这还不是老虎全力奔跑的速度。根据测算，老虎的最高速度可以达到每小时 80 千米，这个速度比大多数城市中正常行驶的汽车还要快一些。

不过，老虎虽然跑得很快，爆发力强，但它们并不擅长长跑。所以，如果潜伏的老虎在捕捉猎物时没有成功，它们不会愿意花大力气远距离追捕，而会回到休息的地方，耐心等待下一次机会。

我可以跑得比汽车快。

◎ 独来独往

老虎喜欢独来独往，它们一生的大部分时间单独行动，只有在繁殖季节雌雄才在一起生活，以及老虎妈妈养育老虎宝宝、老虎宝宝跟着老虎妈妈学本领时，才会通过群居的方式防御风险。

除了自身实力很强，老虎养成独来独往的习惯还有其他原因。山林中可以用来隐蔽的物体很多，也没有鬣狗之类的食腐动物对它构成威胁，独自行动能更好地隐蔽自己，不容易被猎物发现，而且一旦捕捉成功，还可以独享大餐。

但也要注意，老虎是独来独往的猛兽,但猛兽却不都是单独行动的，像草原上的狮子就是三五成群地活动，这是因为草原上没有太多遮挡物，抢食的鬣狗也比较多，独来独往容易被结群的动物攻击。

藏在十二生肖里的秘密

寅虎————霸气、威猛

虎"咖"——世界上有名的老虎

老虎原本也是一个巨大的家族，可以分为西伯利亚虎、华南虎、孟加拉虎、苏门答腊虎、爪哇虎等9个亚种。不过，其中有一部分亚种已经灭绝。这里主要介绍其中的华南虎、东北虎和苏门答腊虎。

什么是亚种？

域、界、门、纲、目、科、属、种，生物学家按照由上到下的这八类标准对地球上的生物进行分类，越往下的生物，彼此之间的特征越相似。"种"是最基本的分类单位，"亚种"则是继续划分出来的小类。像华南虎、东北虎、苏门答腊虎，它们都属于"虎"这个种类，但因为各自生活的地理气候环境不同，彼此之间仍然有明显的差异。为了区分，于是就有了不同的"亚种"。

◎华南虎——中国特有的老虎

华南虎是中国特有的老虎，也叫中国虎。它有老虎的基本特征，全身也有黑色的条纹，就是毛发总体偏橙黄色，背部颜色更深。和一般的老虎比，华南虎体型较小，一只成年华南虎，雄虎身长大约2.5米，体重约150千克，雌虎身长大约2.3米，体重约120千克。

如今，华南虎已被列为世界十大濒危物种之一，属于国家一级保护动物，野外已经看不到它们的踪迹，只有在各大动物园和繁殖基地才能看到它们的身影。

◎东北虎——虎中之王

东北虎是世界上最大的老虎，也叫西伯利亚虎，身体长度可以达到2.8米，有些体重可以达到约350千克。如果东北虎将它的尾巴伸直，大约有1米长。中国的东北地区可以见到东北虎的身影。大家在电影里或者书上看到的那些头上顶着"王"字，身体威武雄壮的老虎，大都是东北虎。

动物体内存在不同的色素细胞，这些细胞会影响毛发的颜色。东北虎生活的地方，气候干冷，阳光充足，体内的淡黄色色素细胞较多。所以相对于毛色橙黄的华南虎，东北虎的毛发颜色要浅很多，而且为了御寒，它的毛发也更长、更厚实。浅色的毛发搭配强壮的身躯，让东北虎看起来更加威严貌美，于是人们也将东北虎称为"虎中之王"。

◎苏门答腊虎——世界上现存最小的老虎

世界上现存最小的老虎是苏门答腊虎，雄虎体重100～150千克，雌虎体重75～100千克。它的毛发颜色在所有老虎中最深，黑色条纹显著，条纹之间的距离也比较小。

由于人类的猎杀，加上赖以生存的栖息地被破坏，如今苏门答腊虎已经濒临灭绝，仅在苏门答腊岛的5个国家公园和附近的山林中才能见到它们。

武松打虎

武松打虎这个故事出自我国四大名著之一——《水浒传》。

一天傍晚,武松途经景阳冈一家酒店,喝了十八碗酒后准备上山。店家拦住武松,说夜里上山不安全,会遇到老虎。武松不信,坚持要上山。行不多时,武松看见一块"此处有猛虎出没"的牌子,认为这是山下酒家用来骗路人住店的把戏,加上酒壮人胆,便没有放在心上,继续往树林深处走去。

后来,武松在林中一座破庙前看见了一张官府告示,认真读过才知道店家没有骗他——山里真有老虎。此时,武松心里打起了退堂鼓,但一想到折回酒店可能会被店家笑话,便捡了根木棍,鼓起勇气继续往前走。后来,由于酒力发作,武松觉得有些头重脚轻,便就近找了块大青石躺了下来。

就在这时,一只白额头的老虎朝他扑来。武松顿时醒了,一下闪到老虎背后。老虎一纵身,武松又惊险地躲了过去。接着,老虎嘶吼一声,转身将粗大的尾巴朝武松甩去。武松急忙跳起,用力朝老虎脑袋打了一棍,却没想到打在了头顶的树枝上。老虎见状,再次朝武松扑来。武松扔掉木棒,顺势一跃,骑到了老虎背上,对着老虎脑袋就是一顿猛揍,直到老虎彻底没气了才停手。

武松赤手空拳打死了景阳冈的老虎,为当地百姓除掉了一大隐患,"武松打虎"的故事便这样流传了下来。

寓言故事：狐假虎威

很久很久以前，一只饥肠辘辘的老虎抓住了一只狐狸，正要美餐一顿。害怕的狐狸想到了一个主意，连忙对老虎说："老虎啊老虎，你不能吃我。我是天帝派来的王中之王。要是吃了我，你会遭到天帝严厉的惩罚。"

老虎有些不信，便问狐狸："我凭什么相信你？"

狐狸立马又编了一个谎言："要是不相信，就跟我到山林中走一走吧。我跟你打包票，所有动物见到我都会害怕。"

见狐狸如此自信，老虎有些动摇了，不过再一想，狐狸根本不是它的对手，如果撒谎，到时一口吃掉它也不迟。就这样，老虎选择暂时相信狐狸，跟在它身后走进森林。

到了森林深处，野兔、山羊、猴子、小鹿……各种动物远远地就望见了老虎的身影，大家纷纷躲了起来。见到眼前的景象，老虎简直不敢相信自己的眼睛，走在前面的狐狸回过头，得意扬扬地对老虎说："怎么样，这回你信我了吧！我可是天帝任命的王中之王！"

没错，所有动物都在狐狸面前撒腿就跑，但老虎哪知道，大家怕的根本不是狐狸，而是狐狸身后真正的"百兽之王"啊！

由于狐狸假借老虎的威风在百兽面前显摆了一把，后来人们就把这个故事总结为"狐假虎威"，专门用来比喻那些倚仗权势来欺压、恐吓别人的人。

子鼠　丑牛　寅虎　卯兔

《两只老虎》背后的故事

有一首跟老虎有关的儿歌相信小朋友们都非常熟悉,那就是《两只老虎》:

两只老虎,两只老虎,跑得快,跑得快,

一只没有眼睛,一只没有尾巴,

真奇怪!真奇怪!

两只老虎,两只老虎,跑得快,跑得快,

一只没有耳朵,一只没有尾巴,

真奇怪!真奇怪!

你知道吗,《两只老虎》这首儿歌其实是根据一首名叫《雅克兄弟》的法国童谣改编的。将最初的歌词翻译过来,大概意思就是:

雅克兄弟,雅克兄弟,

快起床,快起床。

去把晨钟敲响,去把晨钟敲响。

叮叮当,叮叮当,叮当叮当当!

由于歌词非常简单，由四个不同的短句各自重复一遍构成，整首曲子朗朗上口，非常好记，传唱度也很广，于是很快就流传到了不同的国家。而且在流传的过程中，由于翻译的不同，这首歌也有了不同的名字，并且依照各自的语言重新填了歌词。比如在德国，这首歌就叫《马克兄弟》，而在英国则叫《约翰兄弟》。

这首歌最开始流传到中国时，也不叫《两只老虎》，而是叫《国民革命歌》，由当时黄埔军校一位叫邝鄘（yōng）的政治教官填词而形成，成为黄埔军校的校歌。1926年7月1日，当时的广州"中华民国国民政府"将这首歌作为代国歌，一度唱遍大江南北。

打倒列强，打倒列强，除军阀，除军阀。努力国民革命，努力国民革命，齐奋斗，齐奋斗。工农学兵，工农学兵，大联合，大联合。打倒帝国主义，打倒帝国主义，齐奋斗，齐奋斗。打倒列强，打倒列强，除军阀，除军阀。国民革命成功，国民革命成功，齐欢唱，齐欢唱。

之后的二三十年时间里，由于这首歌的曲调大家都很熟悉，也容易学唱，因此又被改编成了好几个版本。

今天大家听到的《两只老虎》，已经是比较现代的版本了，它已经被编入九年义务教育的音乐课本和磁带中，成了经典儿童歌曲的代表之一。

藏在十二生肖里的秘密

寅虎 —— 霸气、威猛

诗词里的"虎"

古代诗词中的老虎形象大致分为两类，一类主要体现的是如老虎一般的凶恶残暴，如唐代诗人张籍的作品《猛虎行》；另一类主要体现的是像老虎一般威猛的气势，如南宋词人辛弃疾的作品《永遇乐·京口北固亭怀古》。

猛虎行

[唐] 张籍

南山北山树冥冥，猛虎白日绕村行。
向晚一身当道食，山中麋鹿尽无声。
年年养子在深谷，雌雄上下不相逐。
谷中近窟有山村，长向村家取黄犊。
五陵年少不敢射，空来林下看行迹。

简析

山南山北的树林幽深，老虎白天绕着村子走。到了傍晚就只身来到大路上捕食，山里的动物都不敢发出声响。老虎每年都在深谷中繁衍后代，雌雄大小互相驱逐。谷里老虎洞窟近处有个山村，老虎经常到村民家猎取小黄牛。善骑射的豪侠少年也不敢射杀，只是在林子下面空看行踪。

永遇乐·京口北固亭怀古

[宋] 辛弃疾

千古江山，英雄无觅孙仲谋处。舞榭歌台，风流总被雨打风吹去。斜阳草树，寻常巷陌，人道寄奴曾住。想当年，金戈铁马，气吞万里如虎。

元嘉草草，封狼居胥，赢得仓皇北顾。四十三年，望中犹记，烽火扬州路。可堪回首，佛狸祠下，一片神鸦社鼓。凭谁问：廉颇老矣，尚能饭否？

简析

写这首词时，辛弃疾已经66岁，当时他站在京口的北固亭怀念往昔，触景生情想到了南朝的宋武帝刘裕。刘裕骁勇善战，曾经在京口平定内乱，建立功业，同时还两次北伐，收复了洛阳、长安等都城，那指挥兵马势如破竹、长驱直入、锐不可当的气势，就像老虎下山一样凶猛。

成语故事：三人成虎

出处 西汉·刘向《战国策·魏策二》

释义 三个人谎称市集里有老虎，听到的人就信以为真。比喻一件事说的人多了，谣言也会被人信以为真。

战国时，魏国太子要被送往赵国当人质，魏王派大臣庞恭随行。庞恭担心自己长年不在国内会被人陷害，于是临行前对魏王说："假如有人说市集上有老虎，大王信吗？"魏王说："不信。"

庞恭说："如果有两个人说市集上有老虎，大王信吗？"魏王说："我可能会将信将疑。"

庞恭又说："如果有第三个人说呢？"魏王说："那我应该会信。"

庞恭说："很明显，市集上没有老虎，但经过三个人谣传，就好像真的有老虎了。现在赵国都城邯郸与魏国都城大梁之间的距离，比市集离大王远多了，背后议论我的人也一定不止三个，希望大王听到关于我的传言一定要明察，这样我才能安心陪太子去赵国。"

听完后，魏王安慰道："放心去吧，我知道。"于是，庞恭告别魏王，陪太子去了邯郸。结果他们刚到邯郸不久，诬陷庞恭的谣言就传到了魏王的耳朵里。刚开始时，魏王还会为庞恭辩解，诬陷的人多了魏王竟然信以为真。等庞恭陪太子回魏国时，魏王已经不再信任他了。

古人说"虎"

下面这些成语、谚语、俗语、歇后语都带有"虎"字,小朋友们不妨读一读,记一记:

虎视眈眈

虎头蛇尾

调虎离山

虎背熊腰

二虎相斗,必有一伤

不入虎穴,焉得虎子

放虎归山——自找麻烦

老虎披皮——装样

纸扎老虎——假威风

老虎打架——没得劝

子鼠　丑牛　**寅虎**　卯兔

小朋友,下面这些跟虎有关的谜语,你能猜出来吗?

1. 身穿皮袄黄又黄,咆哮一声百兽慌,虽然没率兵和将,威风凛凛山大王。(打一动物)

2. 忽然不见忽然有,像虎像龙又像狗,太阳出来它不怕,大风一吹它就走。(打一自然事物)

3. 说它是虎它不像,金钱印在黄袄上,站在山上吼一声,吓跑猴子吓跑狼。(打一动物)

谜底:1.老虎　2.云　3.金钱豹

藏在十二生肖里的秘密

寅虎 —— 霸气、威猛

属虎的名人

◎秦始皇

秦始皇是中国历史上第一个统一中国的帝王,"皇帝"这个叫法,也是从他开始的。秦始皇做了很多了不起的事情,如修建了万里长城和灵渠,实现了"车同轨、书同文",统一了当时的货币、度量衡,把实行多年的分封制改成了郡县制,等等,因而人们认为他是中国古代杰出的政治家、战略家、改革家。不过,由于"焚书坑儒",修"阿房宫""骊山墓"等事情,为了自己的功业而不顾百姓的苦难,也被人们称为暴君。

◎张衡

张衡是东汉时期的文理全才,写得一手好文章,与司马相如、扬雄、班固并称"汉赋四大家";同时,他对数学、天文、地理等科学也非常在行。我国能比西方早1700多年发明地动仪,这主要得归功于张衡。另外,他还发明了浑天仪,制造了指南车,由于精通木工和机械制造而被称为"木圣"。为纪念张衡在中国历史上的重大贡献,联合国天文组织将月球背面的一座环形山命名为"张衡环形山",并将太阳系1802号小行星命名为"张衡星"。

52

◎唐寅

唐寅就是大家熟悉的唐伯虎了，他是明朝非常有名的画家，像山水画、人物画、花鸟写意画等类型都非常擅长。由于画风多样，别致有趣，人们将他与沈周、文徵明、仇英合称为"吴门四家"。另外，唐寅还是一位文学家、诗人，大家熟悉的古诗《画鸡》，就是他的作品之一。由于作品个性鲜明，唐寅与祝允明、文徵明、徐祯卿并称"吴中四才子"，也就是大家俗称的"江南四大才子"。

◎李时珍

李时珍是明代著名的医药学家，大名鼎鼎的《本草纲目》就是他编写的。早年行医时李时珍发现，过去的本草书里有不少错误，经常将一些长得很像的药弄错，这给治病救人带来了很大麻烦，因此他立志重新编一部本草书。为了保证内容的准确性，李时珍在重读古籍之时，还到全国各地收集药物标本和药方，并且向药工、农民、渔夫等不同职业的人拜师，最终花了近三十年，完成了总字数近 200 万字的《本草纲目》，后人也因此尊称他为"药圣"。

子鼠　丑牛　寅虎　卯兔

生肖加油站

小朋友，我有几个问题要考考你，你能回答吗？

1. 以下哪个词与老虎无关？
   A. 百兽之王　B. 大猫　C. 群居动物　D. 独来独往

2. 世界上现存最大的老虎是以下哪个亚种？
   A. 东北虎　　　B. 华南虎
   C. 苏门答腊虎　D. 爪哇虎

3. 看完这一章，你对老虎了解多少呢？试着自己讲一讲吧。

小朋友，能不能请你画一只你心目中的虎送给我呀？

答案：
1. C
2. A
3. 略

"盘一盘"兔子

◎ **蹦蹦跳跳的毛球球**

"小白兔,白又白,两只耳朵竖起来,爱吃萝卜爱吃菜,蹦蹦跳跳真可爱。"这首讲小兔子的儿歌几乎每个小朋友都知道。

总体来说,兔子是一种特别萌的动物,它们一般都有大大的耳朵、圆圆的眼睛、软软的毛发、短短的尾巴。其中毛色以白色、黑色、灰色、土黄、花色为主。兔子不动时,一般都趴在地上,并且喜欢团成一团,看起来就像个毛球。

其实,兔子有大有小。大型兔子的重量可以超过7千克,如果趴在地上不动,看起来就像一个巨大的毛绒玩具一样;生活在中国的兔子主要都是小型兔,体重一般不超过2千克,因此给人们留下的大都是"软萌可爱"的形象。

兔子的前腿比后腿要短,擅长蹦蹦跳跳。有机会看到兔子时,小朋友们可以仔细观察,看看它们是不是像蹦蹦跳跳的毛球球那样可爱。

◎你了解兔子吗

世界上的兔子一共有四十几种,除了大家熟悉的"小白兔",还有巨型安哥拉兔、狮子头兔、迷你垂耳兔、荷兰侏儒兔等。

亚洲、非洲和北美洲是兔子的大本营,世界上大多数种类的兔子都生活在那儿。欧洲和南美洲的兔子种类相对比较少。

兔子是哺乳动物,它的繁殖能力特别强,差不多一个月就能繁殖一次,每次会有4～12只兔宝宝来到这个世界。

兔子的嘴巴比较有特点,它的上嘴唇有一个纵向的裂口,也叫豁嘴,俗称三瓣嘴。兔子的两颗上门牙很大,而且向外突出,加上豁口的存在,我们总能看见这两颗可爱的大牙。

小白兔的眼睛的确是红色的,但这并不代表所有兔子都有红眼睛。兔子眼睛的颜色其实跟毛色有关,感兴趣的小朋友可以仔细观察一下。

兔子的耳朵非常大,但并不是所有的兔子耳朵都像儿歌里唱的那样会"竖起来",有些兔子的耳朵就是耷拉下来的。

兔子的寿命长短跟品种、身体健康状况息息相关。它们的一岁相当于人类的7～8岁,一般情况下能活5～12年。

小兔子乖乖

◎讲卫生

兔子是一种爱干净、讲卫生的动物,别看兔子跟老鼠一样都住在洞里,里面的世界可大不一样。即便是生活在野外的兔子,它们也会主动避开阴暗潮湿的脏乱环境,而是选择通风良好、干燥卫生的地方安家,像荒漠、相对干燥的草原,以及森林中离水较远的高地,这些就是安家的首选。要是把爱干净的兔子放到老鼠洞里,兔子一定会嫌弃脏兮兮的环境,掉头就跑。

兔子讲卫生不仅体现在它们对环境的选择上,还体现在平时的行为与动作。如果你养过小兔子,就会发现它经常用前肢搓脸,会用舌头舔身上的毛发,这其实都是在给自己做清洁工作。一些有"洁癖"的兔子无法容忍身上有一丁点儿脏东西,只要看见了,就会想办法给弄干净。有些兔子甚至会给自己的窝大致分区,吃饭、睡觉、排泄,这些地方都会安排得明明白白。

◎喜安静

白天时，兔子喜欢耷拉着长耳朵，整个身子蜷缩成一个小毛球，趴在那儿几乎一动不动，这种过分的安静甚至给人一种"懒"的感觉。但是，如果你在夜深之后悄悄起来，不惊动兔子，你将看到它的另一面。此时，白天一直趴着的兔子会舒展身子开始活动，美滋滋地嚼着肥美的萝卜、绿草。不过，即便是它们在活动时，动作的幅度与发出的声响都很小，不刻意观察，甚至都注意不到。这种状态会一直持续到天亮，此时吃得饱饱的它们又将开始新一天的休息。由于吃了就睡，睡醒就吃，不管体格大小，你见到的兔子永远都是圆墩墩的，柔软又可爱。

◎胆子小

不管从样子还是习惯来看，兔子都不是一种胆子大的动物。事实也是这样。

由于喜欢待在相对安静的环境里，加上本身没什么防身的本领，兔子对周围的响动比较敏感，经常竖起耳朵探听身边的动静。如果觉得情况比较危险，兔子会提前做好逃跑的准备。另外，有个成语叫"狡兔三窟"，原本的意思就是指兔子为了藏身会挖很多洞，这样可以躲避敌人。这也从侧面说明了兔子胆小的特点。既然打不过，要么躲，要么跑，这就是兔子的保命之道。

兔子这种与生俱来的特点，并不会因为变成生活在安全环境里的宠物而改变。频繁出现的嘈杂声和突如其来的响动，很容易让兔子紧张不安，在笼子里四处乱撞，即便受伤也停不下来。知道这些之后，下次见到兔子时，可不要随意吓唬胆小的它们哟！

藏在十二生肖里的秘密

卯兔——乖巧、可爱

生肖小故事

◎狼兔大战

在十二生肖中,兔子的战斗力绝对属于末流,既没有龙的窜天仙术,也没有马儿的飞奔技能,但排名却比它们都要靠前。这种看起来人畜无害的萌系生物,何德何能排到十二生肖的第四名呢?这里就得提到另一个生肖小故事——狼兔大战。

狼和兔子也是一对历史悠久的冤家,就像猫和老鼠那样。据说狼没有竞选十二生肖的打算,它的执念就是抓住兔子,然后美餐一顿。得知兔子一早要出门竞选生肖排位,狼半夜就埋伏在了兔子家门口。

深更半夜的风有些凉,躲在草丛里的狼有些待不住了,但兔子家里好像一点儿动静都没有,灯也没亮。"兔子不是要去竞选十二生肖吗?它怎么还不出门呢?难道提前出发了?"心中充满疑惑的狼,眼珠子骨碌碌一转,马上想到了一个好计策。

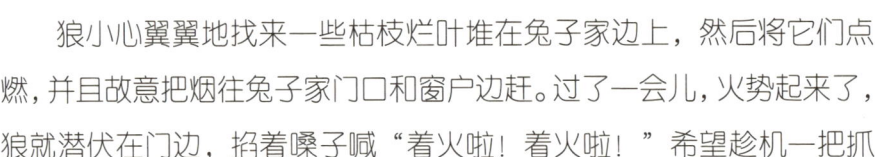

狼小心翼翼地找来一些枯枝烂叶堆在兔子家边上,然后将它们点燃,并且故意把烟往兔子家门口和窗户边赶。过了一会儿,火势起来了,狼就潜伏在门边,扼着嗓子喊"着火啦!着火啦!"希望趁机一把抓

住慌乱逃命的兔子。谁知道，兔子家里依旧没有响动。

　　狼试着推了推门，才发现门居然没有上锁。狼用一只眼透过门缝往里看，黑咕隆咚的，什么也看不清。于是，狼用力一推，把门完全敞开了。就在这时，在旁边等候多时的兔子一溜烟，从狼的两腿中间"嗖"的一下溜走了。

　　原来，尽管狼在铺枯枝烂叶的过程中尽量不发出声响，但窸窸窣窣的动静还是让已经醒来准备出门的兔子察觉到了，谁让兔子有一对善于捕捉细微动静的大耳朵呢！于是，兔子就悄摸摸地躲在窗户后面看。当火燃起来，照亮了狼的脸时，兔子就明白怎么回事了，于是它悄悄拉开门锁，躲在门边，等狼推开门的那一刻，借着屋里黑的优势冲出门外。

　　"只要我选上十二生肖，做了神仙，就再也不怕被狼欺负了。"带着这种信念，兔子发疯似的逃命，借着对地形的了解，专挑窄路走，狼一直努力紧跟在后面，但一路上尽遇到影响它发挥的灌木丛和小山洞，最后只能站在过不去的小洞口前面，气得干瞪眼。

　　奔往齐天峰的路上，兔子遇到了同样参与十二生肖选拔的龙。但因为龙的角被藤蔓缠住了，耽误了不少时间，将第四名的位置拱手让给了兔子。

"卯兔"

　　还记得前面提到的"子鼠"吗？古人将生肖与地支结合时，也充分考虑了这些动物的生活习性。兔子经常趁着天蒙蒙亮时，去吃带着露水的青草，这个时候一般就是早上的五点至七点，大致就是卯时。于是古人就把卯时和兔子相搭配，兔也就成了十二生肖中的"卯兔"。

经典寓言：龟兔赛跑

一天，兔子在森林里碰见了乌龟。见乌龟正在慢吞吞地爬，兔子便嘲笑道："乌龟，咱们来赛跑怎么样？"乌龟知道兔子在戏弄它，也知道自己确实爬得慢，就没搭理它。兔子觉得乌龟不敢比，更来劲了，于是编了首顺口溜："乌龟爬爬，清早采花，慢吞吞地走，傍晚还在家门口！"

听完后，乌龟有些生气："兔子，别看不起人，总有一天我会超过你！"

"好大的口气！"兔子轻蔑地说，"我现在就要跟你比，敢不敢？"

"比就比，谁怕谁！"乌龟不服气地说。

"好！那咱们就从这里跑起，看谁先跑到对面山脚的大树下。"兔子得意扬扬地说道，"没问题咱就开始了啊！预备——跑！"

兔子果然跑得很快，没过多久就甩了乌龟一大截。跑了一会儿，兔子回头看了看，连乌龟的影子都看不见了。"乌龟真是不自量力，敢跟我赛跑！我呀，就在这儿好好睡一觉，就算他爬到我前面，我也能分分钟追回来……"想着想着，兔子往地上一躺，闭上眼睛，居然真的睡着了。

乌龟呢，在后面一步步努力爬着，慢是真慢，但它毫不放弃。当他爬到兔子身边时，兔子还在呼呼大睡。乌龟也想停下脚歇会儿，但他知道兔子跑得快，稍微放松一下可能就被兔子追上了。只有坚持爬下去，才是赢过兔子的唯一办法。

于是，乌龟咬着牙一步步爬向终点。眼见大树离自己越来越近，乌龟也在不断给自己加油打气："只差几十步了……只差十几步了……只差几步了……"最后，坚持不懈的乌龟终于到了终点。至于兔子，它还靠着大树，做着胜利的美梦呢！

龟兔赛跑是非常经典的寓言故事，里面蕴含了很多道理，因此经常被人们提起。

关于龟兔赛跑的后续故事也有很多，因而有了第二次龟兔赛跑、第三次龟兔赛跑等不同的版本。小朋友们，你心目中的第二次龟兔赛跑是什么样的呢？如果举行第二次龟兔赛跑，你觉得兔子会赢吗？

藏在十二生肖里的秘密

卯兔 —— 乖巧、可爱

改邪归正的玉兔精

小朋友们，你们还记得《西游记》中的玉兔精吗？相传玉兔精的真身是在月亮上广寒宫里捣药的玉兔，在广寒宫时被嫦娥打了一拳，因而怀恨。玉兔摄藏了嫦娥转世的天竺国的公主，而变成公主模样，开始哄骗国王。

当时有个广为人知的说法，那就是吃了唐僧肉可以长生不老。玉兔精知道了，也想尝尝唐僧肉的味道，于是便到处打探唐僧的行踪。得知唐僧正往天竺国走来，玉兔精便估算了唐僧可能到达的时间，提前精心设计了一个抛绣球的游戏，等唐僧到了之后，就想办法把他招为驸马，然后等时机合适，就把他给吃掉。

没有戒心的唐僧很快就掉入了玉兔精设计好的圈套，好在唐僧有孙悟空这个好徒弟。玉兔精招驸马的伎俩确实得逞了，但孙悟空也将其中的诡计看得一清二楚。就在孙悟空准备一棍子将玉兔精打死时，太阴星君从天而降，将玉兔精收回了天庭。自那之后，玉兔精就断了乱七八糟的想法，老老实实回到广寒宫继续捣药，改邪归正之后，再也不敢为非作歹了。

上古怪兔——讹兽

兔兔那么可爱，能有什么坏心思呢？

小朋友，你可能不认识"讹"字，它有诈骗的意思，那么讹兽，顾名思义，就是通晓诈骗伎俩的神兽了。

讹兽长得很漂亮，长袖善舞，能说会道，看上去像一只超大号的萌兔子，人和动物都喜欢围在它的身边。这只特殊的大兔子不吃萝卜不吃菜，戏弄耍人是它的最爱。也许正是这种人畜无害的可爱形象容易让人掉以轻心，讹兽才能每次出手都得逞，因而也被称为大骗子的祖师爷。

或许考虑到自己是神兽的原因，讹兽从来不骗普通老百姓，也不骗不聪明的人，专门欺骗、戏弄各路神仙。相传，讹兽很轻易地就骗走了西王母的三颗凤凰蛋、后土娘娘的守山石、嫦娥丈夫的须麻草、八岐大蛇的两颗下牙……不过，讹兽骗这些宝贝并不是贪图钱财，它其实看不上这些东西，单纯就是觉得能从这些神仙手里骗到宝贝，有一种成就感。

这真是一只奇怪的兔子。不过小朋友们，现实生活中虽然没有讹兽，但却有很多花言巧语骗人的怪人，大家一定要擦亮眼睛，不要轻信别人的话，不要贪小便宜上当受骗哟！

子鼠　丑牛　寅虎　**卯兔**

藏在十二生肖里的秘密

卯兔——乖巧、可爱

诗词里的"兔"

把酒问月
[唐]李白

青天有月来几时？我今停杯一问之。
人攀明月不可得，月行却与人相随。
皎如飞镜临丹阙，绿烟灭尽清辉发。
但见宵从海上来，宁知晓向云间没。
白兔捣药秋复春，嫦娥孤栖与谁邻？
今人不见古时月，今月曾经照古人。
古人今人若流水，共看明月皆如此。
唯愿当歌对酒时，月光长照金樽里。

跟"兔"有关的诗词

对古时候的中国人来说，白兔是一种比较罕见的动物，但由于外表软萌可爱，亲眼见过兔子的人，很少有不喜欢的，加上全身雪白的毛发，古人更是将兔子看作祥瑞之物。于是，兔子不仅出现在嫦娥奔月、玉兔捣药等家喻户晓的美丽传说中，文人墨客的笔下也常常能见到兔子的身影。

简析

全诗带"兔"的诗句是"白兔捣药秋复春，嫦娥孤栖与谁邻"两句，里面化用了玉兔捣药、嫦娥奔月两个传说。

李白写这首《把酒问月》时或许有些醉了，但提出的问题你可能也想了解——天上的月亮是什么时候升起来的呢？那时的科学知识远没有现在发达，人们不了解月亮是地球的卫星，也不知道月亮上面究竟是什么样子，只能通过夜里眼睛看到的东西发挥想象。

木兰辞（节选）

唧唧复唧唧，木兰当户织。不闻机杼声，惟闻女叹息。问女何所思，问女何所忆。女亦无所思，女亦无所忆。

…………

雄兔脚扑朔，雌兔眼迷离；双兔傍地走，安能辨我是雄雌？

简析

《木兰辞》是我国南北朝时期一首非常有名的长篇叙事诗，讲了一个名叫木兰的女孩女扮男装替父从军，在战场立功回乡后不愿当官，只想和家人团聚的故事。这首诗的最后也提到了兔子："雄兔脚扑朔，雌兔眼迷离；双兔傍地走，安能辨我是雄雌？"

这句话的意思是：雄兔的两只脚会时不时地动弹，而雌兔的两只眼睛则会常常眯着，很容易就能分辨出来。要是雄兔跟雌兔一起并排跑，又怎么能分出来哪个是雄兔，哪个是雌兔呢？

这里其实用了一个比喻，表面上看起来在讲兔子的差异，实际上巧妙回答了木兰女扮男装代父从军这么多年却没有被发现的原因。

藏在十二生肖里的秘密

卯兔——乖巧、可爱

成语故事：狡兔三窟

 出处 西汉·刘向《战国策·齐策四》

 **释义** 狡猾的兔子有三个窝，比喻有多个藏身的地方。

孟尝君是战国四公子之一，任齐国相国时手下有很多门客。

一次，门客冯谖自告奋勇替孟尝君到薛地收债。他问孟尝君要买些什么回来，孟尝君随口说了句缺啥买啥。冯谖到薛地后，借孟尝君之名烧了百姓欠债的借据，百姓感激不尽。孟尝君知道后问冯谖原因，冯谖说相国目前缺"义"，便借烧借据来买"义"。孟尝君很不高兴，并渐渐疏远了冯谖。

一年后，孟尝君被贬到薛地。离薛地还有一百多里，百姓就前来迎接。孟尝君这才知道冯谖买的"义"有多珍贵。但冯谖对他说："聪明的兔子为了安身会挖三个洞。你只有一个，我再帮你挖两个。"

为了挖好第二窟，冯谖想办法向魏王引荐孟尝君。魏王了解情况后，认为孟尝君很有才，决定聘他当相国。齐王知道后，担心孟尝君为别国效力，连忙帮他恢复相国职位。

之后，冯谖又建议孟尝君请求齐王赏赐先王的祭器，并在薛地建造宗庙供奉。这样，薛地将受齐王保护，地位在齐国将非同一般。宗庙建好后，冯谖告诉孟尝君："三个洞穴挖好了，你能高枕无忧了。"

嘘！悄悄地告诉你，这儿是我的第3个家。

古人说"兔"

下面这些成语、谚语、俗语、歇后语都带有"兔"字，小朋友们不妨读一读，记一记：

兔死狐悲

兔走乌飞

狡兔三窟

守株待兔

兔子不吃窝边草

静如处子，动如脱兔

狮象搏兔，皆用全力

秋天的野兔子——撒欢

瘸腿兔子——跳不了多高

开春的兔子——成群结伙

怀里揣着十五只兔子——七上八下

年三十晚上打兔子——有它也过年，没它也过年

子鼠　丑牛　寅虎

 卯兔

小朋友，下面这些跟兔有关的谜语，你能猜出来吗？

1. 红眼睛，白衣裳，尾巴短，耳朵长。（打一动物）
2. 家住青山顶，身披破蓑衣，常在天上游，爱吃兔和鸡。（打一动物）
3. 兔儿头上戴顶帽，满腹苦水无处申。（打一字）

答案：1.兔子　2.老鹰　3.冤

藏在十二生肖里的秘密

卯兔——乖巧、可爱

属兔的名人

◎周瑜

周瑜，人称"美周郎"，是三国时期东吴的一位大将，按今天的说法，是属兔的众多历史人物中，一位生性儒雅的大帅哥。当时的周瑜负责辅佐孙权，执掌军政大事。曹操率军逼近东吴时，孙权的大臣们纷纷建议投降，但周瑜却看到了曹操冒险用兵的不足，主张全力迎战，并且在赤壁借风，用火攻打出了赤壁之战这种以少胜多的经典战役。也正是经过这一战，周瑜成了当时全国有名的大人物。

狄仁杰

狄仁杰是我国唐代的政治家，还是武则天在位时期的宰相。书里、电影里的狄仁杰几乎是个神探，几乎没有他破不了的案子。而这些故事，与他年轻时高中科举进入当时的司法机构工作有很大关系。由于工作非常出色，升官到了大理寺，相当于当时的最高法院。狄仁杰用一年的时间，处理了很多积压下来的案子，牵涉了一万七千多人，却没有一个人上诉申冤，从这一点来看，狄仁杰确实是一个破案的高手。

◎岑参

　　岑参是我国唐代的一位诗人。由于出生在官宦家庭，加上有一定的天分，岑参五岁就开始读书，到了九岁就能写文章，成年后进士及第。不过，后来的从军经历改变了岑参的人生道路，擅长写七言诗的岑参，诗中常常出现边塞生活的景象，而且这些作品都很磅礴大气，于是后人也称他为"边塞诗人"，其中最有名的一句诗，要数《白雪歌送武判官归京》中的"忽如一夜春风来，千树万树梨花开"了。

◎米芾

　　米芾是我国北宋时期非常有名的书法家和画家，如果有学书法的小朋友，也许临摹过他的不少字帖，或者听过关于他的各种故事。米芾从七八岁就开始练习书法，一路跟过不少老师，但成就他的，还是夜以继日的练习。史书中对米芾练字的刻苦与自觉有不少记载，其中一条便是"一日不书，便觉思涩"。也正是这份后天的努力，让他的书法自成一派，直到今天都很有影响力。

子鼠　丑牛　寅虎　卯兔

藏在十二生肖里的秘密

生肖加油站

小朋友，我有几个问题要考考你，你能回答吗？

1. 下面哪一项不属于兔子的典型特征？
A. 大尾巴　B. 长耳朵　C. 三瓣嘴　D. 爱跳跃

2. 成语"兔走乌飞"的兔是指什么？
A. 小白兔　B. 月亮　C. 太阳　D. 光阴

3. 写出画线部分的诗句。
_____，嫦娥孤栖与谁邻？

小朋友，能不能请你画一只你心目中的兔子送给我呀？

卯兔 —— 乖巧、可爱

答案
1. A
2. B
3. 白兔捣药秋复春

藏在十二生肖里的秘密 贰

申楠 编著

石油工业出版社

图书在版编目（CIP）数据

藏在十二生肖里的秘密 / 申楠编著. —北京：石油工业出版社，2022.12
ISBN 978-7-5183-5596-9

Ⅰ.①藏… Ⅱ.①申… Ⅲ.①十二生肖—青少年读物 Ⅳ.①K892.21-49

中国版本图书馆CIP数据核字（2022）第167743号

藏在十二生肖里的秘密
申楠　编著

出版发行：石油工业出版社
　　　　　（北京安定门外安华里2区1号楼　100011）
网　　　址：www.petropub.com
编 辑 部：（010）64523616　64523609
图书营销中心：（010）64523731　64523633
经　　销：全国新华书店
印　　刷：金世嘉元（唐山）印务有限公司

2022年12月第1版　　2022年12月第1次印刷
710毫米×1000毫米　　开本：1/16　　印张：15
字数：180千字

定价：88.00元（全三册）
（如发现印装质量问题，我社图书营销中心负责调换）
版权所有，侵权必究

目录
MU LU

辰龙

你见过"龙"吗 / 02

龙之九子，参差多态 / 04

四海龙王 / 06

西天取经的白龙马 / 08

被哪吒打败的敖丙 / 09

中国的龙俗 / 10

诗词里的"龙" / 12

词牌——水龙吟 / 13

成语故事：画龙点睛 / 14

古人说"龙" / 15

属龙的名人 / 16

生肖加油站 / 18

巳蛇

你了解蛇吗 / 20

中国蛇之"最" / 22

可怕的毒蛇 / 24

蛇也是人类的好帮手 / 26

白蛇传 / 28

农夫与蛇 / 29

诗词里的"蛇" / 30

成语故事：杯弓蛇影 / 32

古人说"蛇" / 33

属蛇的名人 / 34

生肖加油站 / 36

受欢迎的马儿 / 38
马背上的民族 / 40
中国古代四大名马 / 42
奔马图 / 44
马踏飞燕 / 45
寓言故事：田忌赛马 / 46
诗词里的"马" / 48
成语故事：老马识途 / 50
古人说"马" / 51
属马的名人 / 52
生肖加油站 / 54

午马

未羊

庞大的羊家族 / 56
咩——羊来啦 / 58
羊是怎么成为生肖的 / 60
中国羊城——广州 / 61
"羊"字的故事 / 62
跳山羊 / 63
你知道这些"羊"词吗 / 64
诗词里的"羊" / 66
成语故事：亡羊补牢 / 68
古人说"羊" / 69
属羊的名人 / 70
生肖加油站 / 72

藏在十二生肖里的秘密

你见过"龙"吗

小朋友，你们一定听说过龙，看过跟龙有关的动画片或者电影，生活中也一定接触过很多跟龙有关的东西。你的心里有没有过这样的疑问："为什么我从来没有见过真正的龙呢？"

龙是十二生肖之中最特殊的一个，因为其他生肖都是现实生活中真实存在的动物，只有龙是虚拟的，是东方神话传说中的生物。据说它本领超强，每年春分前后飞上蓝天，秋分前后沉入水底，呼风唤雨无所不能，而且能这一刻隐身，下一刻就现形，身子更是可长可短、能粗能细。那么，这种神奇的传说生物又是怎样出现的呢？

辰龙 —— 尊贵、神圣

当龙的传人真是太酷了！

很久很久以前，人类还生活在原始部落中。那时的人并不像现在这样充满智慧，他们甚至分不清人与动物之间的界限，只要觉得某种动物很厉害，就可能把它当成自己部落的保护神，或者将它认定为祖先，让它的形象融入部落的图腾中。因此，部落不同，图腾往往也不一样。

那时，氏族之间经常打仗，战败的部落，图腾往往会被消灭或摧毁，以这种方式展示获胜一方的权威。据说我们中国的祖先率先打破了这个惯例，为了把战败的部落群众也团结起来，获胜的部落会从战败部落的图腾中挑选一些特征，加到自己的图腾上。于是，通过不断整合，一种特殊的图腾形象便慢慢形成了，我们的祖先就把这种动物称为"龙"，并用它来代表民族的精神。

关于龙的形象，《尔雅翼》中给出了一种说法："角似鹿、头似驼、眼似兔、项似蛇、腹似蜃、鳞似鱼、爪似鹰、掌似虎、耳似牛。"不过，由于没人真正见过龙，世人对龙的形象还有许多争议，但鱼鳞、蛇身、鹰爪等特点，基本成了人们对龙的共识。

龙与我们中国的传统文化深深结合在一起，我们称自己为"龙的传人"。历史上，龙是高贵、尊严的象征，像龙袍、龙椅，这些都是皇家的专属，宫殿的梁柱上往往也会雕刻飞龙来增添皇族的威严；龙也是喜庆的象征，逢年过节，人们会通过舞龙的方式表达对新一年的美好祝福；另外，龙还是吉祥的象征，我们的祖先经常通过祭祀它，祈求风调雨顺、五谷丰登。

总之，龙和我们中华民族的渊源非常深厚。

什么是"图腾"

图腾是古代原始氏族、部落的一种标志，主要是为了将一个群体和另一个群体彼此区分开。图腾起源于那时的人对大自然的绝对崇拜，因此图腾形象可能是动物，也可能是植物，还可能是想象创造出来的其他东西。

藏在十二生肖里的秘密

辰龙 —— 尊贵、神圣

龙之九子，参差多态

相传龙有九子，它们特征鲜明、性格迥异。不过，有些龙子的名字有点难认。

◎老大——囚牛

囚牛在九子之中性情最温顺。囚牛很喜欢音律，尤其喜欢弦类。如今，很多琴头上都刻着囚牛的形象。

◎老二——睚（yá）眦（zì）

睚眦的性情非常刚烈，喜欢打斗，而且心胸比较狭窄，爱记仇，"睚眦必报"这个词就是这么来的。一些刀剑的柄上刻着的动物形象就是睚眦。

◎老三——嘲风

嘲风喜欢登高探险、远眺山海，就像一个专业的户外运动大师。一些古建筑的殿角上就常常用嘲风的形象来装饰，美观大方又增添威严。

◎老四——蒲牢

蒲牢住在海边，却害怕大鲸鱼，一见到鲸鱼就吓得大喊大叫。所以古人把蒲牢放在钟上做提纽，把撞钟的柱子做成鲸鱼的样子，用来扩大声响。

◎ 老五——狻（suān）猊（ní）

狻猊长得很像狮子，喜欢长坐不起，静静地观看烟火升空的样子。于是，古人便把它安置在香炉上，好让它看个够。

◎ 老六——霸下

霸下有点像乌龟，特别能扛重物。据说霸下以前特别调皮，后来被大禹治服。为避免它再兴风作浪，大禹就在霸下身上压了块大石碑。大家在寺庙里看到的驮碑乌龟就是霸下。

◎ 老七——狴（bì）犴（àn）

狴犴的样子像老虎，性格也像，豪爽仗义、刚正不阿。所以，古代官衙大堂的两侧，以及狱牢的门上都有狴犴的形象，用来彰显正气。

◎ 老八——负屃（xì）

负屃是九子中最像龙的。它非常喜欢书法，于是古人把它的形象作为书法刻字的旁衬。碑文上盘踞的龙就是负屃。

◎ 老九——螭（chī）吻（wěn）

螭吻最明显的特点就是它的大嘴巴。它喜欢东张西望，于是古人把它安排在宫殿等建筑的檐角上。古建筑殿脊两端卷尾上装的龙头就是螭吻，据说可以镇邪辟火。

四海龙王

四海龙王是中国神话传说里的四个神仙，他们都是龙的化身，个个拥有神力，奉玉帝之命，掌管四方海洋，维护一方安定。

◎东海龙王敖广

东海龙王名叫敖广，他是四海龙王的老大，也是一切水族生物的王者，大家熟悉的三太子敖丙以及小龙女，分别是他的两个孩子。敖广住在东海海底的水晶宫，整个东海海域的刮风下雨、电闪雷鸣、潮涨潮落，都由他来控制。

《西游记》里，敖广的出镜率很高，他长着绿色的头发和胡须，孙悟空就是从他这里抢走的定海神针；另外，哪吒系列故事里水淹陈塘关这件事也与敖广有关。

◎南海龙王敖钦

南海龙王名叫敖钦，主要负责管理南方海洋中的各种生灵，统帅成千上万的虾兵蟹将。南方天气炎热，温度高，所以敖钦是条橘红色的龙，连头发和胡须都是橘红色的。

在《西游记》里，唐僧去西天取经的路上，南海龙王曾帮了不少忙，比如红孩儿使用三昧真火火烧孙悟空时，南海龙王就曾到现场助阵灭火。

◎ 西海龙王敖闰

西海龙王名叫敖闰，长着一头银发和白色胡须。不过，我们国家往西走只有高山，没有海洋，西海龙王住在哪里呢？神话传说中，天山脚下有一片宽广的水域，那里就是西海，现在叫博斯腾湖，湖边气候宜人，草原辽阔，人们在那放牛牧羊。

有一年突发旱灾，牧草枯萎，百姓无法生活。玉帝了解情况后，就派青沙龙前去治理旱灾。青沙龙吞下西海三分之二的海水后，腾云飞天，再将水洒到草原上，帮助百姓解除了旱灾。从此，青沙龙就被大家称为西海龙王。

辰龙　巳蛇　午马　未羊

◎ 北海龙王敖顺

北海龙王名叫敖顺，长着黑色的头发和胡须。北海龙王掌管北海之地，由于北边气候寒冷，所以北海龙王主要管理冰雪风霜之类的自然气候。

在《西游记》"受阻狮驼岭"的故事中，唐僧曾被妖怪关进蒸笼，差点被热气蒸熟，孙悟空请来的老熟人就是敖顺。敖顺赶到之后，往蒸笼里吹了大量冷气，给蒸笼降了温，这才保住了唐僧的性命。

07

藏在十二生肖里的秘密

西天取经的白龙马

"白龙马,蹄朝西,驮着唐三藏,跟着仨徒弟,西天取经上大路,一走就是几万里……"熟悉动画片《西游记》的小朋友一定知道这匹勤劳的白龙马。它看起来是一匹马,其实是一条龙。

白龙马本名叫敖烈,原本是西海龙王的三太子,可以在海底过着无忧无虑的生活。谁知道长大后的敖烈因为叛逆,一把火烧掉了殿上的明珠。西海龙王得知玉帝赏赐的圣物被烧了,顿时火冒三丈,到天庭告了敖烈的忤逆之罪。玉帝也以大不敬的罪名对敖烈进行重罚,一度要判敖烈死刑。最后,南海观世音菩萨出面说情,免了敖烈的死罪,把他贬下凡间,让他到蛇盘山鹰愁涧等候要去西天取经的唐僧。

由于并不认识唐僧,敖烈在等待时,把唐僧原本骑的那匹白马给吃掉了。好在菩萨及时赶到,避免了新的误会。为了表示惩罚,菩萨便把敖烈变成了一匹白龙马,让他驮着唐僧,跟着三个徒弟去西天取经。

最终,敖烈和唐僧四人一起历尽艰辛,终于修成正果,完成了取经的任务,他也因此被升为八部天龙马,并在化龙池里恢复了原身。

辰龙——尊贵、神圣

被哪吒打败的敖丙

象征神圣与尊贵的龙族并非无所不能，让我们来看看东海龙宫三太子敖丙的故事。

相传有一天，小哪吒到东海附近一个叫九湾河的地方洗澡。由于身上的法宝混天绫在水中不停搅动，强大的法力让东海龙宫不断发生地震。为了弄清原因，龙王安排巡海夜叉去看看情况，却一直没有回信。太子敖丙打算亲自去探探情况，结果因为一场误会，敖丙和哪吒直接动起手来。奈何敖丙根本不是哪吒的对手，被乾坤圈砸中后，敖丙便断气了，并且现出了龙的原形。

得知敖丙的死讯，龙王一怒之下来到天庭，向玉帝请求治李靖一家的罪，并要求哪吒偿命。为了不连累家人，哪吒选择自尽谢罪来平息整个事情。后来，太乙真人用莲花化身的法术让哪吒死而复生。最终，哪吒经历封神之战，帮周武王成功讨伐了纣王，修道成仙。

至于敖丙，姜子牙公布封神榜时，将敖丙的魂魄敕封为"华盖星君"之神。这里的"华盖"，指的是帝王的伞盖。帝王用的伞，上面有龙形的图案，那条龙就是敖丙，成了专为帝王遮风挡雨的守护神。

辰龙　巳蛇　午马　未羊

中国的龙俗

龙是我们中华民族的精神图腾,与龙有关的民俗文化自然不在少数,其中最有名的两种就是舞龙灯和赛龙舟了。

◎舞龙灯

舞龙灯一般在农历新年进行,早在春秋时期就有关于它的历史记载。

龙灯的种类很多,从制作材料来看,有稻草扎的草龙、竹子扎的篾龙、布缝的布龙,还有用长板凳接起来的板凳龙;从龙灯颜色看,红色和黄色最常见。一条完整的龙灯由龙头、龙身、龙尾三部分组成。龙身一般是圆筒形,节节相连,外面的罩布上画有龙的鳞片,每隔五六尺有一人掌竿,首尾相距二三十米。

舞龙前,人们会用笔在龙的眼睛上点一点,完成点睛仪式。舞龙时,会有一个人拿着顶有大球的竿子站在最前面,通过摇摆这个球引导巨龙"跳舞"。举龙头的人要紧跟球的位置,做出抢球的样子;举龙身和龙尾的人要根据龙头的摆动,灵活连贯地扭动身子,使它看起来就像上下翻腾、游走飞动一般。

舞龙灯传递的是人们希

辰龙——尊贵、神圣

望在辞旧迎新之际，祈求来年风调雨顺、五谷丰登的美好愿望。有些地方还会举办舞龙大赛，看看哪支队伍的龙灯造型最美、姿态最帅、动作最难。由于表演非常精彩，每次舞龙灯的活动总能吸引不少人到场观看。

小朋友，你见过舞龙灯的表演吗？

◎ 赛龙舟

赛龙舟是中国端午节的主要习俗之一，在河湖遍布的南方地区更为常见。北方地区的水面较少，一般在靠近大河大湖的地方才有赛龙舟的习俗。

龙舟有大有小，但大都细细窄窄的，而且装饰非常特别。龙舟的船头用龙头做装饰，木头雕刻出来的龙头向上高昂，充满精神；船尾的龙尾雕刻也很讲究，经常会刻出龙的鳞片来点缀。船身的凹槽里则会插上旗帜，装好锣鼓，好在划的过程中展现自己队伍的气势。有些讲究的龙舟船身还有绘画，远远望去就像一条巨龙在水里巡游。

关于赛龙舟的起源有好几种说法。其中纪念屈原的说法，大家最熟悉。相传楚国贤臣屈原跳进汨罗江后，人们争相划船去捞他，但是怎么找都找不到。据传这一天是农历五月初五，之后每年的这个时候，人们都会到汨罗江上划船，希望通过这种方式驱赶江里的鱼儿，不让它们吃掉屈原的身体。久而久之，就形成了端午赛龙舟的习俗。

藏在十二生肖里的秘密

辰龙 —— 尊贵、神圣

诗词里的"龙"

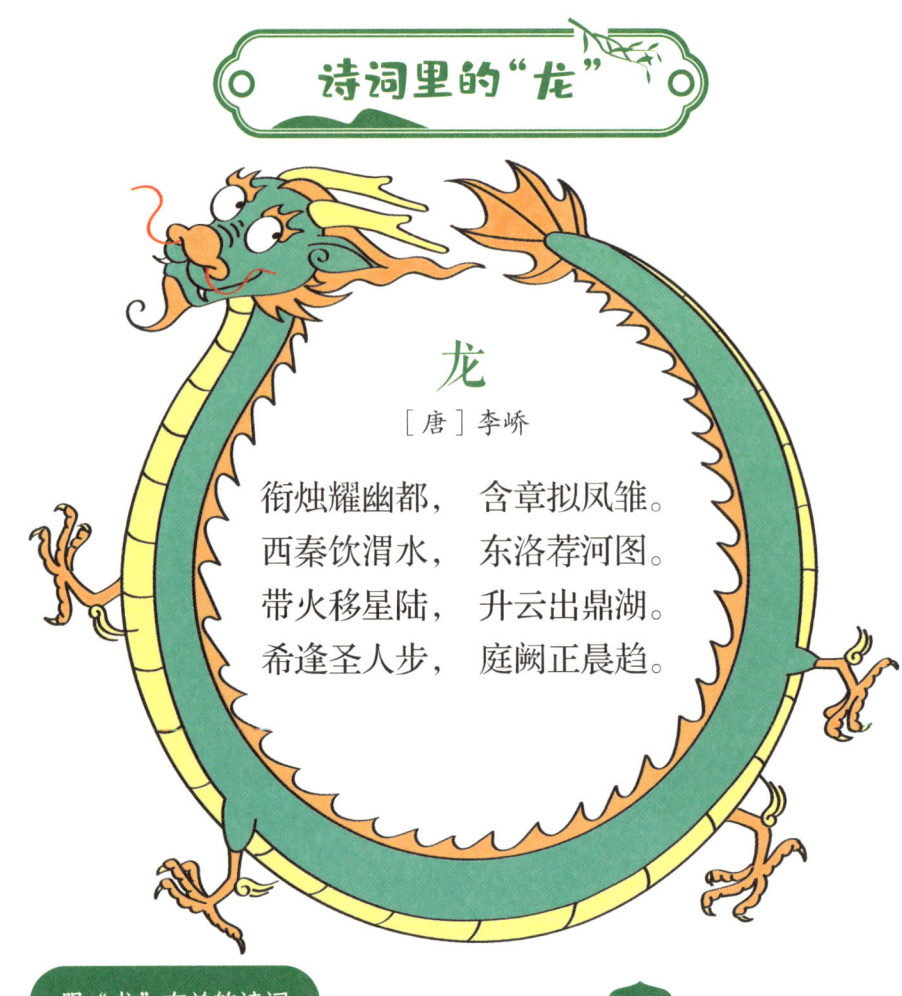

龙
[唐] 李峤

衔烛耀幽都，含章拟凤雏。
西秦饮渭水，东洛荐河图。
带火移星陆，升云出鼎湖。
希逢圣人步，庭阙正晨趋。

跟"龙"有关的诗词

自古以来，龙就是中华民族的精神图腾，是一种人尽皆知的吉祥物，它在中国传统文化中，象征权势、高贵、尊荣，同时也代表幸运、成功、兴旺、正义与力量。因此古代诗词中，龙的形象一般都比较正面。

简析

唐代诗人李峤的这首《龙》，是借写龙来称赞当时皇帝武则天的一首作品。虽然以夸耀为主，但里面多多少少体现出当时的人对龙的一些认识，如龙象征光明，内含各种优秀的品质等。诗中提到的"饮渭水""荐河图""移星陆""出鼎湖"都涉及帝王成就功业的历史典故，暗指皇帝在位应该是有龙的神力相助，是上天的旨意，反过来说明龙在当时人们的心目中，就如同天神一样无所不能。

词牌——水龙吟

词是宋朝非常流行的一种文学体裁。当时的词，很像现在的歌曲，有歌词，也有旋律。读古代的词时，细心的小朋友可能会注意到，词的标题中有时会出现一个小圆点，把前后两部分文字分开。这是因为，圆点前面的字叫"词牌"，它表示的就是这首词的"旋律"，后面的字才是这首词真正的题目。如果没有圆点，那这个标题一般就是词牌本身。

每个词牌都有固定的格式，每句的字数，特定位置的字要用什么音调，这些都有严格要求。但由于曲调和唱法都已经失传，现在我们能看到的，就只剩下没有曲调的词了。据不完全统计，古时候人们用过的词牌一共有八百多种，像浣溪沙、菩萨蛮、卜算子、如梦令……这些词牌在语文课上大家都会学到。

水龙吟也是一个很有名的词牌，关于它的来历有个说法。我国古代的《易经》中提到："云从龙，风从虎。"随着时间的推移，龙吟则云起，虎啸则风生，慢慢成为那时人们的共识。后来，只要发生旱灾需要求雨，皇帝就会下诏修龙坛或龙堂，祈求龙在此盘踞，以它的吟叫声来呼风唤雨，消除旱灾。渐渐地，这种龙吟与水的联系变得越来越密切，《水龙吟》这样的词牌也就慢慢形成了。

辰龙　巳蛇　午马　未羊

藏在十二生肖里的秘密

成语故事：画龙点睛

出处　唐·张彦远《历代名画记》

释义　为画好的龙点上眼珠。比喻作文或说话时在关键地方加上精辟的语句，使内容更加生动传神。

南北朝时期，梁朝的张僧繇擅长画龙，艺术技法出神入化。

有一次，张僧繇在金陵安乐寺的墙上画了四条活灵活现的龙，看样子仿佛要从墙里飞出来，不足之处是都没有画眼睛。很多人不理解，便问："先生画龙，为什么不点上眼睛呢？难道画眼睛很难？"张僧繇郑重地回答："眼睛是龙的精髓所在。点睛很容易，但一点上，龙就会破壁而出，乘云飞去。"大家都不相信，纷纷要求他把眼睛补上。

张僧繇一再解释，龙点了眼睛要飞走，但大家执意要他这样做。张僧繇无奈，只能提起画笔，运足气力，给龙补上眼睛。刚点了其中两条龙的眼睛，天上顿时乌云翻滚，雷电大作，暴雨倾盆而下。两条龙一跃而出，乘着云雾飞上了天，而那两条还没被点睛的龙，仍留在墙壁上。见到眼前的景象，大家惊得目瞪口呆，全都傻眼了。

辰龙——尊贵、神圣

古人说"龙"

下面这些成语、谚语、俗语、歇后语都带有"龙"字，小朋友们不妨读一读、记一记：

龙飞凤舞

龙争虎斗

来龙去脉

生龙活虎

卧虎藏龙

龙行一步，鳖爬十年

龙虎相斗，必有一伤

龙无云不行，鱼无水不生

龙王爷出海——兴风作浪

龙王爷打哈欠——神气十足

大水冲了龙王庙——一家人不认识一家人

辰龙　巳蛇　午马　未羊

小朋友，下面这些跟龙有关的谜语，你能猜出来吗？

1. 腾云驾雾非等闲，施恩布雨在人间，家有珠宝寻常事，统领兵将皆海鲜。（打一生肖）
2. 哪吒不过海，武松不过岗。（打一成语）

谜底　1.龙　2.生龙活虎

藏在十二生肖里的秘密

辰龙——尊贵、神圣

属龙的名人

◎班超

班超是我国东汉时期著名的军事家、外交家,是位投笔从戎的名将。他最大的功绩,就是奉命两次出使西域,修复了当时汉朝与西域几个属国的臣属关系。那时的交通不方便,沿途又大多是沙漠戈壁,海拔高、气候差,还要随时防范强盗与劫匪,有时还免不了与野兽搏斗。然而肩负重任的班超毫不害怕,"不入虎穴,焉得虎子"这个成语就是班超在西域遇险时说的。后来,人们就用它表达"不亲临险境,就不可能取得成功"的道理。

◎朱元璋

朱元璋是明朝第一位皇帝,本名叫朱重八。和很多皇帝不同,他出生在一个贫苦的农民家庭。连年的灾荒与疫病让他几乎失去了所有亲人,逃荒时投奔了一个和尚,开始了剃度出家、云游四方的生活。后来,受儿时伙伴邀请,朱元璋加入了义军,很快因为智勇双全而成为一名将领,最终率领大部队大败元军,建立明朝。成为皇帝后,朱元璋很注重经济与民生,在他的努力下,社会生产逐渐恢复,他在位的这段时期也被后人称为"洪武之治"。

◎蒲松龄

小朋友可能听说过蒲松龄的名字,他是我国清朝著名文学大家,有个雅号叫"柳泉居士",另一个更有名气的叫法是"聊斋先生",这跟他编写的著作《聊斋志异》有关。这是一部伟大的作品,其中有诗歌,有戏剧,还有很多医药方面的内容。关键是,整本书想象力丰富,故事怪诞离奇,一点也不枯燥,现代不少电影、电视剧都由它改编而来。

◎纪昀

纪昀有个更广为人知的名字,叫纪晓岚,他是中国清代著名文学家,曾经担任礼部尚书与大学士,是一位非常有才华的人,是著名的《四库全书》的总纂官之一。关于他的传奇说法有很多,比如天资过人、才华横溢、出口成章等等。不过,真实的纪晓岚并没有电影与文学作品中那么夸张。他也只是一个坐在高位的普通人,而且年轻时因为种种原因,科举考了好几次,他能有后来的成绩,也是通过自己不懈努力换来的。

辰龙　巳蛇　午马　未羊

17

藏在十二生肖里的秘密

生肖加油站

小朋友，我有几个问题要考考你，你能回答吗？

1. 以下哪个不是龙的特征？
 A. 鱼鳞　B. 鹰爪　C. 蛇身　D. 蝙蝠翅

2. 我们中华民族都是_____的传人。

3. 看完这一章，你对龙了解多少呢？试着自己讲一讲吧。

小朋友，能不能请你画一条你心目中的龙送给我呀？

答案：
1. D
2. 龙
3. 略

辰龙 —— 尊贵、神圣

藏在十二生肖里的秘密

巴蛇——敏捷、善变

你了解蛇吗

蛇也叫"小龙",因为它是龙身的原型。蛇没有四肢,它的全身覆盖着坚硬的鳞片,就连走路,都要靠肚皮上的鳞片与地面的摩擦来实现。蛇的脊椎骨有将近 500 块,而且每块都不大,这么多的小骨头组合在一起,才让蛇的身子可以灵活地扭来扭去。它能将身体扭成 S 形前进,或者将身体盘成一圈又一圈的形状,都跟它格外灵活的骨头有关。

蛇有尖尖的牙齿,但不是像人类一样用来咀嚼食物,而是一种武器。别看蛇的脑袋不大,但嘴巴附近的肌肉格外发达,它的嘴巴可以张得很大,能一口咬住比它大很多的猎物。此时,锋利的牙齿就像钩子一样,牢牢钩住猎物,让它们无法逃跑。不少蛇的牙齿里还有能分泌毒液的毒腺,一旦猎物上钩,蛇就能用毒液麻醉或毒死猎物,然后放心地美餐一顿。

蛇虽然没有耳朵,但也是有听力的,主要通过感受地面的动静来实现。也就是说,它可能不一定能听见你说话,却能感受到你悄悄靠近的脚步声。

蛇有冬眠的习惯,当外界温度降到 6 ~ 8℃时,蛇就开始犯困;

降到 2～3℃时，蛇就开始呼呼大
睡，直到春天气温回暖后才会醒来。
因此每到秋天，蛇就会吃得饱饱的，然后钻
进树洞缩成一团，安心冬眠。蛇冬眠时反应很迟钝，
如果一条正在冬眠的蛇被猎人逮到，那它只好自认倒霉了！

◎ 蛇的身子冰冰凉

小朋友，你的妈妈是不是经常用手感受你的体温？如果发现手凉凉的，就会让你多穿点衣服，以防感冒。这是因为，我们人类是恒温动物，体温一般维持在37℃上下。如果超过了38℃，说明身体发烧了，需要治疗；如果低于36℃，说明周围环境太冷，该保暖了。

但是，这一点对蛇却不管用，因为蛇是冷血动物，也就是生物学中的变温动物，它的体温会随环境的变化而变化。适合蛇生存的温度范围是 10～35℃。高于35℃时，蛇就会找阴凉有水的地方躲起来，避免自己被热死；低于10℃时，蛇就会提前找干燥的洞穴躲起来，免得被冻死。如果温度继续下降，它就要开始冬眠了。所以，不管什么时候，我们用手去摸蛇的身体，由于它的温度永远比人类低，因而摸起来都是"凉凉"的感觉。

现在，"冷血动物"这个词也用来形容一个人没有感情，对人对事都很冷漠的样子。联想一下蛇这种典型的代表，你是不是能更好地理解"冷血动物"这个词的含义了呢？

天气转凉了，我要回去好好地睡一觉。

藏在十二生肖里的秘密

巳蛇——敏捷、善变

中国蛇之"最"

蛇的足迹几乎遍布全球，中国有 200 多种蛇，其中什么蛇最大？什么蛇最小？什么蛇只生活在高原上呢？什么蛇最耐干旱？

◎体格最大的蛇——蟒蛇

中国所有蛇中，体形最大的是蟒蛇，一般都有 3～5 米长，最大的蟒蛇身子长达 7 米，堪称蛇中巨无霸。世界上最大的蟒蛇生活在南美洲的亚马孙原始森林，重 100 多公斤，最粗的地方有脸盆那么粗，长度可以超过 10 米，把它拉直足足有半节地铁车厢那么长。

别看蟒蛇粗大，它们却没有毒，平时经常吃一些鸟、蜥蜴之类的小动物，有时也要吃一些小猪、小羊、小牛之类的动物来填饱肚子。

我蟒蛇要是排第二，没有蛇敢排第一。

◎世上最小的蛇——盲蛇

盲蛇、蟒蛇，它们的名字读音相似，体格却有天壤之别。盲蛇是世界上最小的蛇，一般不到 20 厘米，看起来就像一条大蚯蚓。不过，盲蛇毕竟是蛇，它的身上布满了细小的鳞片。由于它的眼睛已经退化，几乎看不见，人们便叫它盲蛇。

盲蛇喜欢生活在潮湿的环境中，在我国长江以南的地区非常常见，平时主

我虽然看不见，但不影响出门。

要吃白蚁、蚂蚁，以及一些昆虫的幼虫。由此可见，盲蛇是消灭害虫、帮助农作物健康成长的好帮手。

◎生活在高原上的蛇——温泉蛇

蛇是变温动物，气温低时会冬眠，所以一般不会在寒冷的环境中生存。我国有种温泉蛇非常奇特，它们生活在海拔4300米以上的青藏高原。那里再往上一些，就是终年被冰雪覆盖的地方。难道温泉蛇不怕冷吗？

> 我可是青藏高原上独一无二的蛇。

原来，青藏高原上有不少温泉，那里相对暖和，这些蛇就只在温泉附近活动，因此得名。在漫长的进化中，温泉蛇早已适应了高原环境，因此可以平安地生活在那里。温泉蛇性格比较温和，而且没有毒。由于数量很少，目前是一种受国家保护的野生动物。

◎最耐干旱的蛇——东方沙蟒

在我国新疆、宁夏、甘肃、内蒙古等有很多拥有沙漠戈壁的地方，生活着一种非常耐旱的蛇——东方沙蟒。

东方沙蟒，虽然名字里有个"蟒"字，但却远没有蟒蛇那么巨大，身长一般不超过半米，但比较粗，躺在地上不动时像根木棍，因此当地人给它起了个外号叫"土棍子"。它的鳞片很厚，能在干旱的环境中减少体内水分的流失。东方沙蟒比其他蛇厉害的另一点是，在必要的时候，它会在沙地上打洞，随遇而安。

> 快看，那儿有根奇怪的棍子。
>
> 你才是奇怪的棍子。

可怕的毒蛇

世界上大约有 3000 种蛇，毒蛇只占五分之一，大约 600 种，像漂亮的花纹、鲜明的颜色，这些都是毒蛇明显的特征。下面这些都是名气响当当的毒蛇，要是在野外遇到了，请及时远离它们。

◎眼镜王蛇

如果给毒蛇封王，那非庞大、凶猛的眼镜王蛇莫属。一般的眼镜王蛇都有 4 米长，通常白天出来捕食。进入攻击状态的眼镜王蛇会猛地将前半身立起来，眼睛直盯着敌人，颈部两侧迅速膨胀变大，身子微微前后摆动，细长又鲜红的舌头快速地伸缩，同时发出"嘶嘶"声。眼镜王蛇的毒液非常厉害，不仅一次喷的毒液多，毒性还很强，一旦猎物惹怒了它，很难活着逃走，因此眼镜王蛇也被称为"最毒的蛇"。

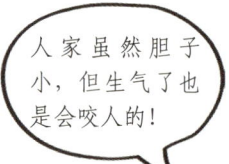

大家好，最毒的蛇就是我，我就是眼镜王蛇。

◎银环蛇

银环蛇的身上黑白相间，就像一条漆黑的蛇，身上套了很多个银白色圆环，就算是在野外复杂的环境中也很好辨认。说起来，银环蛇算是上面眼镜王蛇的"亲戚"，因为银环蛇也是一种眼镜蛇，它的毒也非常厉害，只要一丁点儿就能让人死亡。虽然银环蛇的

人家虽然胆子小，但生气了也是会咬人的！

毒性很强，胆子却非常小，很少主动攻击人类。不过，你可不要以为它胆子小就好欺负，一旦惹怒了银环蛇，它将会毫不犹豫地攻击你。

◎蝮蛇

蝮蛇是一种在中国很常见的毒蛇，东北、华北地区最多，尤其是旅顺蛇岛，岛上的蛇几乎全是蝮蛇。蝮蛇的长度一般不到1米，身体和脑袋都是灰褐色，上面还有交错排列的黑褐色圆斑。天气暖和时，蝮蛇会在早晨或黄昏到田地、菜园，或者靠近水源的地方捕猎；天气如果转凉，蝮蛇就会把活动范围缩小到洞口附近。小鱼、青蛙、蜥蜴、老鼠等小动物，都是蝮蛇喜欢的猎物。

人不犯我，我不犯人。

◎响尾蛇

响尾蛇大家都不陌生，它的脑袋是三角形的，特殊的纹路让它看起来有点儿像石头。响尾蛇的尾巴上有一圈厚厚的角质层，叫"响环"，它会在一次次蜕皮的过程中不断变长、长大。当遭遇敌人或者遇到危险时，响尾蛇会迅速摇动尾巴末端的响环，发出类似"嗤嗤嗤"的声音来吓退敌人。正因为尾巴能发出响声，响尾蛇的名字由此而来。响尾蛇是世界上出了名的毒蛇，毒性很强，一条响尾蛇身上的毒液，足以让9～10个成年人丧命。

你没有尾巴吧！我不但有，它还会响。

蛇也是人类的好帮手

蛇是一种比较危险的动物，但这不代表蛇就是对人类有害的。其实，蛇在有些事情上还能帮助人类，算得上是人类的好帮手。

◎蛇是老鼠的天敌

有的小朋友可能会问：不是有个词语叫"蛇鼠一窝"吗？如果蛇是老鼠的天敌，它们还能待一个窝里吗？

首先，蛇确实是老鼠的天敌，也叫"无脚猫"，说的就是蛇抓老鼠的本领跟猫一样厉害。蛇的嗅觉非常灵敏，可以准确知道老鼠藏身的位置。蛇移动时的动静非常小，可以在不惊动老鼠的情况下快速靠近它。接近之后，蛇就会立即行动，一口将老鼠咬住。在它那尖尖牙齿的帮助下，老鼠几乎没有逃跑的可能。

老鼠的繁殖能力很强，很快就能生出一窝老鼠。如果老鼠太多，就会给农田造成巨大的损失。如果农田里有一两条抓老鼠的蛇，老鼠就不会那么猖狂了。

至于蛇鼠一窝，是因为蛇本身不怎么会打洞，有时会抢占老鼠已经打好的洞。由于蛇与老鼠在人们心目中的形象都不太好，加上人们发现蛇有时会从老鼠洞里钻出来，于是就用蛇鼠一窝这个词，形容坏人互相勾结。

别吃啦，边上有蛇！

◎ 活的地震仪

说起地震仪，有的小朋友可能会想起东汉科学家张衡发明创造的地动仪。这个仪器上有八条龙，分别对应八个方位，每个龙头的嘴里含着一颗龙珠，龙头下方各有一只蟾蜍与它对应。如果哪个方向发生了地震，这个仪器就能凭借非常细微的震动，及时报告地震的消息。哪个龙头嘴里的龙珠掉下来，落入蟾蜍的嘴里，地震就发生在那个龙头对应的方向上。

蛇也一样，它能凭借特殊的身体结构，察觉人类感受不到的震动，从而在大地震到来之前做出反应。这是因为蛇有内耳，而且耳朵里面的耳柱骨直接连着骶骨，可以精确感受地面或周围物体的细微震动。相关科学研究表明，蛇能比较准确地预测4级以上的地震。至于响尾蛇、蝮蛇这些蛇类就更先进了，它们脸颊两侧还有一种类似"红外线感受器"的东西，能察觉环境中更细微的变化。

地震来临前，地面其实会发生很多细微变化，这些变化人类感受不到，但蛇却知道得清清楚楚，于是能迅速做出反应。我国古人很早就注意到了这一点，因此把蛇称为"活的地震仪"。现在，科学家也把蛇的这种反应作为地震预报的一种参考。

白蛇传

白素贞是千年修炼的蛇妖，为了报答书生许仙前世的救命之恩，化为人形接近许仙。经过几番波折，两人最后顺利结为夫妻。

白素贞与许仙结婚后，有一天，金山寺的和尚法海将白素贞是蛇妖的事告诉许仙，要他小心，但许仙始终不信。最后，法海告诉许仙，让白素贞在端午节这天喝下雄黄酒，真相就会大白。带着半信半疑的态度，许仙按照法海的说法做了，结果毫无心理准备的许仙直接被现出原形的蛇妖当场吓死。

心怀愧疚的白素贞，上天庭偷仙草灵芝救活了许仙，被救活的许仙最终选择与白素贞相认，但法海却认为，人不能与妖一起生活。为了抓住白素贞，法海将许仙骗到金山寺软禁。白素贞知道后便跟法海斗法，水漫金山寺，伤害了许多无辜百姓。由于触犯了天条，白素贞生下孩子后就被关在雷峰塔里受罚，且一生不能出塔。

不过，好在白素贞的儿子许仕林凭借一心救母的孝心感动了观音，观音最终让法海释放了白素贞，一家三口在经历了几十年的分别后，最终团聚，过上了幸福的生活。

藏在十二生肖里的秘密

巳蛇——敏捷、善变

农夫与蛇

相传一个寒冷的冬天,一位农夫走在回家的路上。

此时北风呼啸,带走了枝头残余的最后几片枯叶。路边枯黄的草丛里,一小团黑黑的东西若隐若现。农夫有些好奇,走近看了看,原来是一条被冻僵的小蛇。

起初,农夫有些害怕,站在那儿犹豫了一下。但在好奇心的驱使下,他还是蹲下了身子,用手小心翼翼地碰了碰蛇,然后马上将手缩回来。蛇依旧盘在那儿,一动不动。这次,农夫又用手仔细摸了摸,发现蛇浑身冰凉。善良的农夫顿时心生怜悯,毫不犹豫地把小蛇从地上捡起来,揣进了怀里,并且用手把衣服包紧。

过了一会儿,小蛇慢慢有了知觉,农夫的怀里渐渐有了动静。正当农夫觉得自己做了一件善事,想看看怀里的小蛇怎么样时,突然觉得胸口一阵疼痛。农夫连忙解开衣服,这才发现苏醒的小蛇张开嘴巴,用它的毒牙狠狠地咬了农夫一口。

中毒的农夫又气又恨,问:"你这恩将仇报的蛇,我好心救你,你为什么咬我?"

小蛇恶狠狠地笑着说:"因为我是蛇呀。"

> 小朋友,如果你在野外见到了蛇,千万不要像农夫那样用手直接摸蛇,更不要把看上去不会动的蛇拿在手里玩,或者把它装进袋子里、包里,这是非常危险的行为。另外,这则故事还告诉大家一个道理:千万别把你的善良,花在坏人的身上。

诗词里的"蛇"

古时候，蛇给人类造成了很大威胁，直到现在，很多人都怕蛇。由于蛇会伤人，严重时还会让人失去生命，因此出现在古代诗歌里的蛇，一般都是凶残、贪婪的形象。如果是用蛇来形容环境，往往表明这个地方如同蛇的洞穴一样，弯弯曲曲，比较狭窄。

八月十五夜赠张功曹（节选）

［唐］韩愈

十生九死到官所，幽居默默如藏逃。
下床畏蛇食畏药，海气湿蛰熏腥臊。

简析

这首诗是韩愈在一年中秋节写的。当时，韩愈正遭遇贬谪，之后皇帝虽然连续两次大赦天下，但由于有人从中作梗，韩愈都没有回到京都，便怀着万分感慨写了这首诗，送给了当时跟他有类似经历的张功曹。

古时候当官被贬，往往要被调去当时比较穷苦或偏僻的地方。通往这些地方的路往往不好走，因而韩愈才会说这一路是"九死一生"，跟逃难一样。目的地的生活条件也很差，差到连下床都要担心可能被趴着的蛇给咬伤，吃饭还要担心可能中毒，而且环境又湿又热，到处都是虫子，散发着腥臭难闻的味道。

同诸公登慈恩寺塔（节选）

[唐]杜甫

仰穿龙蛇窟，始出枝撑幽。
七星在北户，河汉声西流。

简析

慈恩寺塔就是今天的西安大雁塔，最初由三藏法师玄奘主持修建。一年秋天，杜甫和当时几位诗人一同登上慈恩寺塔后，大家各赋了一首诗。由于那时的建筑一般只有一两层，郊外的高塔就成了人们登高望远的好去处。

摘录的这几句都在突出整座塔的高。"仰穿龙蛇窟"，指的是人在登塔时，要抬头沿着狭窄幽深的楼梯往上爬，就跟钻龙蛇的洞窟一样，说明塔内的楼梯很陡。绕过塔里横七竖八的柱子和横梁到了塔顶，眼前才一片开朗。晚上坐在这里，北斗七星怕是就在窗外，说不定还能听到银河水哗哗地向西流。

藏在十二生肖里的秘密

巳蛇——敏捷、善变

成语故事：杯弓蛇影

出处 东汉·应劭《风俗通义·怪神》

释义 将映在酒杯里的弓影误认为是蛇。比喻疑神疑鬼，妄自惊慌。

乐广是西晋的一位官员，他有个朋友，一有空就来家里喝酒聊天。

后来，这位朋友有段时间一直没来，乐广有点想他，就前去看望。到了之后才发现朋友躺在床上，脸色蜡黄。一问病因，朋友说："那天在你家喝酒，看见酒杯里有条青皮红花蛇。出于礼貌，我还是闭着眼睛喝了。之后就老觉得肚子里有条小蛇在乱窜，什么也吃不下。"

酒杯里有蛇？带着这个疑问，乐广回家之后在客厅踱来踱去，想找出原因。忽然，乐广注意到墙上挂着的青漆红纹雕弓，猜测杯里的蛇一定是倒映在酒杯中的弓影。

于是，乐广又接朋友到家中喝酒，并且让他坐在上次的位置，依然用上次的酒杯为他斟了满满一杯酒，然后问："您看看酒杯中有什么？"朋友低头一看，立刻惊叫："蛇！青皮红花蛇！"乐广大笑，指着墙上的弓说："您看那是什么？"朋友看看雕弓，再看看杯中的蛇影，恍然大悟。

古人说"蛇"

下面这些成语、谚语、俗语、歇后语都带有"蛇"字,小朋友们不妨读一读,记一记:

蛇鼠一窝

蛇蝎心肠

斗折蛇行

打草惊蛇

贪心不足蛇吞象

蛇咬一口,入骨三分

一朝被蛇咬,十年怕井绳

窝里的蛇——不知长短

蛇吞蝎子——以毒攻毒

冬天的蟒蛇——有气无力

辰龙 巳蛇 午马 未羊

小朋友,下面这些跟蛇有关的谜语,你能猜出来吗?

1. 身体细长嘴有毒,草丛爬进又爬出,曲曲弯弯走得快,画它千万莫添足。(打一动物)

2. 每隔数日脱层皮,没有手脚走得急,攀爬树木很轻便,光滑地面步难移。(打一动物)

3. 身上长满大金花,张开大嘴露尖牙,弯曲如绳身庞大,没脚怪兽人人怕。(打一动物)

谜底:1. 蛇 2. 蛇 3. 蟒蛇

藏在十二生肖里的秘密

巳蛇——敏捷、善变

属蛇的名人

◎屈原

屈原是战国时期楚国人，是一位政治家，早年受楚怀王信任，官至三闾大夫，内政外交大事都归他管。不过，由于遭到贵族们的排挤与诽谤，屈原被流放到现在的湖南、湖北一带。楚国的郢都被秦军攻破后，屈原自投于汨罗江，以身殉国。与此同时，屈原还是一位诗人，他创立了"楚辞"，是中国浪漫主义文学的奠基人，名句"路漫漫其修远兮，吾将上下而求索"就是屈原在《离骚》中写下的。

◎项羽

项羽是秦朝末年的政治家、军事家，是中国历史上最著名的武将之一。巨鹿之战时，项羽率兵大败秦军主力部队，推翻了秦朝统治。之后，项羽自立为"西楚霸王"，开始与汉王刘邦争夺天下，史称"楚汉之争"。两军对阵之初，项羽稍占优势，但由于小时候读书、练剑、排兵布阵都只学个大概，对阵时做了不少错误决定，加上队伍内部矛盾重重，最终兵败垓下，留下著名的《垓下歌》后，在乌江边结束了轰轰烈烈的一生。

◎华佗

华佗是东汉末年的医学家，一辈子扑在医学研究上。华佗尤其擅长外科，精于手术，而且为了减轻病人手术时的痛苦，华佗还发明了"麻沸散"，相当于现在的全身麻醉药，人们因此将他称为"外科圣手"与"外科鼻祖"。另外，华佗还编排了一套模仿虎、鹿、熊、猴、鸟等动物姿态的健身操——五禽戏，方便年老体弱的人强身健体。由于华佗在医学方面做出了巨大贡献，人们也将医术高明的医生称为"华佗在世"。

◎陆游

陆游是南宋著名的文学家、史学家。出生时正值北宋灭亡，从记事起，全家就过着逃难的日子，这些特殊经历在陆游心中留下了深深印记。尽管历尽坎坷，陆游仍凭着过人的聪慧与一生的勤勉好学，在诗词方面取得了很高成就，作品通俗易懂，风格豪放激昂。从小受到的爱国熏陶，更是让他成为南宋著名的爱国诗人。陆游一辈子写了一万首诗，有九千多首流传了下来，临终前写下的"王师北定中原日，家祭无忘告乃翁"，几乎每个中国人都会背诵。

辰龙　巳蛇　午马　未羊

35

藏在十二生肖里的秘密

巳蛇 —— 敏捷、善变

生肖加油站

小朋友，我有几个问题要考考你，你能回答吗？

1. 以下哪项不是蛇的特征？
   A. 会冬眠　B. 都有鳞　C. 没有脚　D. 都有毒

2. 蛇走路的样子像哪个英文字母？

3. 看完这一章，你对蛇了解多少呢？试着自己讲一讲吧。

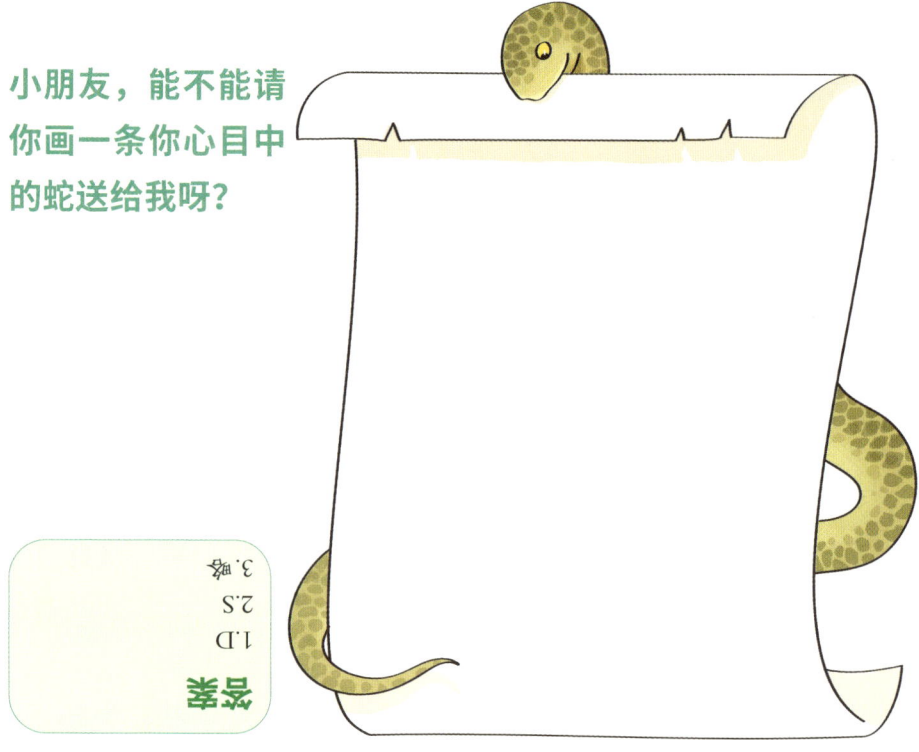

小朋友，能不能请你画一条你心目中的蛇送给我呀？

答案
1.D　2.S　3.略

藏在十二生肖里的秘密

受欢迎的马儿

◎中国人，超爱马

中国人有多爱马？有两个小细节大概可以说明。

一方面，马在中国人心目中的地位很高，地位仅次于龙。中国古代的朝贡活动中，马总是作为贵重的国礼出现。如果真要比较，当时的名贵马匹，它的地位不比今天的国宝大熊猫低。

另一方面，古人给马起了很多别称，这在其他生肖中也独一无二，比如小马叫"驹"，母马叫"骒"，壮马叫"骁"，好马叫"骏"，老马叫"骥"……甚至花色、毛色不同的马，都有专门的名字，如黑尾巴的红马叫"骝"，纯黑色的马叫"骊"，毛色青白相间的马叫"骢"，等等。即便是劣马都有专属的名字，叫"驽"。同一类马用专门的名字，这样也便于管理。由此可见当时的人有多爱马、重视马。

早在 4000 多年前，马就被人类驯服。古时候出远门、运送物资、

午马 —— 骁勇、温顺

行军打仗，靠的都是马。为此，社会上还有了专门的交通工具——马车，专门的看马职业——马夫，专门的管马场所——马厩。放眼世界，应该没有动物比马参与人类生活更深了。

◎马的小秘密

能干的马儿只吃草，好养活。

由于马的眼睛长在两侧，它的视野很广，不转头也能看到身后方。但由于双眼之间有盲区，马无法看到正前方的物体。

别看马长了一双炯炯有神的大眼睛，它的视力其实非常不好，是天生的近视眼。

马有一定的夜视能力，在伸手不见五指的夜里，它能比人看得更清楚。

为了弥补视力的不足，马被赋予了强大的听觉和嗅觉能力。

正因为视力差、听力好，突然而来的响动很容易让马受到惊吓。

马都很聪明，能认识主人，能记住经常走的路线，这归功于它的大脑比一般动物发达一些。

马喜欢站着睡觉，因为一旦遇到危险，这样更方便马上逃跑。

对了，马还喜欢吃甜食，这是不是跟它们的身形很不一样呢？

就这么点小秘密，咋都被说出来了？

马背上的民族

要说与马最亲近的人,那就不得不提马背上的民族——蒙古族。

中国的内蒙古自治区,以及北边的邻国蒙古国有许多蒙古族人,他们祖祖辈辈都生活在辽阔的大草原上,过着游牧生活。

什么是游牧生活呢?原来,像蒙古族这样生活在草原上的民族,畜养的马、牛、羊等动物,要喝大量的水,吃掉许多草,他们在一个地方待一段时间之后,就要换个水草丰富的地方,既为了继续生活,也为了让吃掉的草有时间再长出来。所以,游牧民族经常要搬家,因而他们住的房子都是可以移动的蒙古包,搬家运输这件事自然就交给跑得快、驮得多的马了。

另外,大草原一眼望不到边,不用搬家时,马也是蒙古族人出行的重要交通工具,可以说是"有马走遍天下,没马寸步难行"。也因

为这样，每个蒙古族人都要学骑马，每个蒙古族男人更是从出生起，就要努力成为驭马的高手。著名的那达慕大会是蒙古族人的一个重要节日，和马有关的马术、骑射等比拼项目，都是节日里的重头戏，会吸引很多人观看，比赛获胜的人将被视为蒙古族的勇士。

除了体力上的贡献，马还为蒙古族人提供了重要的食物。经过杀菌消毒的马奶既可以直接喝，也可以被做成酸奶、奶酪等营养美味的小零食，还可以加进酒里做成马奶酒，招待远道而来的贵客。蒙古族人生活的方方面面都离不开马，因而蒙古人不吃马肉，一些名马在去世后，甚至还会被埋进专门的陵墓中供人们纪念。

为了表达对马的喜爱，能歌善舞的蒙古族人还把马的形象做到了乐器上，这种乐器叫马头琴，它是一种只有两根弦的乐器，因琴柄通常雕刻成马头的形状而得名。马头琴弹出来的声音深沉而圆润，很适合表现广阔草原的悠远意境。几乎每首蒙古族乐曲里都有马头琴的声音，有兴趣的小朋友可以听一听《鸿雁》《蒙古小调》之类的蒙古族音乐，好好感受一下大草原的韵味。

中国古代四大名马

◎ 赤兔马

古时候有句话叫"人中有吕布,马中有赤兔",说的就是人界和马界的两大豪杰。赤兔马最开始是吕布的坐骑,一直是好马的代称,属于马中王者,性子很烈,像老虎一样凶猛,一般人根本驾驭不了。小说《三国演义》为了突出赤兔马与一般马匹的不同,更是赋予了它超神的能力,据说一天可以轻轻松松跑完千八百里的距离,而且不论跑山路还是水路,都能像平地那样轻松。

◎ 的卢马

的卢马是三国刘备的坐骑,额头边长着白色斑点。它的速度也很快,南宋词人辛弃疾对它的描述是"马作的卢飞快,弓如霹雳弦惊"。不过,的卢马能名声大振,主要还是因为救了刘备一命。史书《三国志》中写道,刘备在一次应邀赴宴时得知有人要设计陷害他,于是借上厕所的理由骑着的卢马跑了。逃跑时由于慌不择路,误打误撞来到了檀溪,并且掉进了水里。檀溪是条十几米宽的小河,直接原路返回可能遇上后面的追兵,跨过去是唯一的逃跑之路。就在这时,刘备连忙抽打的卢马,一段助跑后,马儿纵身一跃,成功到了檀溪对岸,让刘备成功躲过一劫。正是这一跳,让的卢马的名声流传至今。

◎乌骓马

　　乌骓马是《西汉演义》中西楚霸王项羽的坐骑，它全身乌黑发亮，唯有四个马蹄子白得跟雪一般，因此又叫"踏云乌骓"。相传，乌骓马野性难驯，最初被捉到时没人能征服它。驯马有方的项羽上马后奋力扬鞭，乌骓拉着项羽就翻越高山，穿过森林。不一会儿，项羽就掌握了它的习性，而乌骓则因为长时间快速奔跑慢慢变得疲劳。被彻底驯服之后，乌骓也就死心塌地跟着项羽南征北战，获得了无数功勋，加上这匹乌骓背长腰短而且平直，四肢关节的筋腱又特别强壮，当时的人们便将它称为"天下第一骏马"。

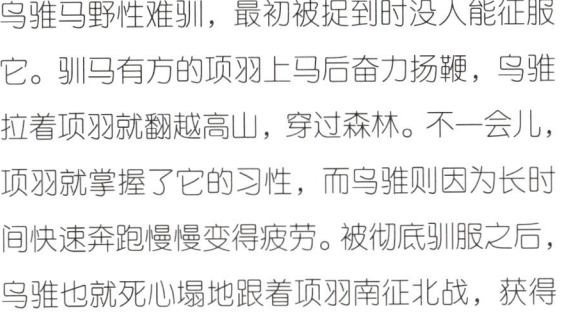

辰龙　巳蛇　午马　未羊

◎绝影马

　　绝影马是一代枭雄曹操的坐骑。由于它跑得飞快，仿佛连影子都追不上它，因此有了"绝影"的名字。史书《魏书》中写道，东汉时期，曹操在讨伐军阀张绣时因计划泄露而失败，并被张绣打个措手不及。曹操这次逃跑骑的就是绝影。逃跑过程中，绝影身上已经中了三箭，脸颊与腿上都受了伤。可就算这样，它依旧能以极快的速度飞奔，带着曹操成功离开危险区域。和前面介绍的三匹名马不同，绝影没能守护它的主人到最后，因为在后面的逃跑中，一支流箭射中了它的眼睛，最终因为受伤太重而倒了下去。

奔马图

马是一种与人类社会关系非常密切的动物。从古到今，马在人类文明的发展中发挥了巨大作用。时间一长，人类也感受到了马身上的特殊品质，比如勇敢、彪悍、不畏艰难、忠诚可靠等等。马儿这么优秀，因此人们喜欢歌颂马，把它写进文章、编进故事、雕成雕塑，或者画进画里。

徐悲鸿是中国现代著名的国画大师，担任过中央美术学院的院长。他一生创作了几千幅画作，不管画人、动物，还是花鸟，都惟妙惟肖，尤其是他笔下的各种马，活灵活现，堪称一绝。

《奔马图》就是徐悲鸿的画马大作之一，这幅画创作于1941年。整幅画颜色清淡，线条干净，简单的构图，却让人看到了马腿前伸、鬃毛飘逸、马尾高高扬起的飞奔姿态，仿佛这匹马儿正由远而近地快速跑来，马上就要冲出纸面一样。

这幅画现在收藏在北京徐悲鸿纪念馆中，对国画感兴趣的小朋友可以去现场看一看。

马踏飞燕

1969年10月,我国甘肃省武威市出土了一件文物。

整个文物是一匹奔跑着的铜骏马,身形匀称,鬃毛整齐,马头高高昂起,嘴巴张开,仿佛在嘶鸣一般;马腿修长有力,三足腾空,一只后蹄稳稳踩着什么东西。仔细一看,原来是一只燕子。一匹飞奔的骏马,居然把马蹄踩在了飞行的燕子身上,连燕子都没躲开,这该跑得多快啊!这件文物就是东汉铜奔马,它有个广为人知的名字——马踏飞燕。

尽管只有一只脚着地,但整个铜奔马却非常平稳,而且造型非常漂亮。那个年代就能造出如此精美的物品,也体现出了我国古代劳动人民不同凡响的创造才能。

> 东汉铜奔马现收藏于甘肃省博物馆,是甘肃省博物馆的"镇馆之宝"。
> 它高34.5厘米,长45厘米,宽13.1厘米,重7.3千克。
> 1983年,国家旅游局把它确定为"中国旅游标志"。
> 1996年,国家文物局专家组将其鉴定为"国宝级文物"。
> 2021年12月1日开始,东汉铜奔马每年5月1日—10月15日在甘肃省博物馆的丝绸之路文明展厅展出,其余时间在库房维护保养。
> 想目睹"马踏飞燕"真面目的小朋友,要跟爸爸妈妈提前计划好时间哟!

寓言故事：田忌赛马

田忌赛马是《史记》中的一个故事。

当时，齐国有个大将军叫田忌，他经常和齐威王赛马。比赛规定，双方的马都分成上、中、下三等，分三场进行比赛，胜两场以上的获胜。然而每次比赛，田忌都以微弱的差距输给了齐威王。

又一次输了比赛，田忌带着沮丧的情绪回到家里，他把赛马的失败告诉了当时的大军事家孙膑。了解了比赛经过后，孙膑说："你跟齐威王比赛，每次都是上等马对上等马，中等马对中等马，下等马对下等马，而且每次都以微弱的差距输了比赛。总是用这种方式比，你要想赢得比赛，很难。"

田忌望着孙膑，说："如果不这么比，还能怎么比呢？"

孙膑把他的方案详细说了一遍，田忌听完后，茅塞顿开，觉得这回胜券在握，便主动向齐威王发出邀请，想再比一次，并且加大了下注的银两。齐威王一听，心里也纳闷："这个常败将军居然主动找我赛马，而且投了更多的钱来押注，他难道还没有输够吗？"于是也没多想，答应了田忌。

很快，赛马的日子到了，双方的马匹都已经就位。

这次，田忌按孙膑的主意，先以下等马对齐威王的上等马。结果不出意料，田忌以更大的差距输掉了第一局。齐威王看到后，嘲笑着说："想

不到赫赫有名的孙膑先生，竟然想出如此糟糕的对策。"孙膑只是微微一笑，不说话。

第二局，齐威王的中等马将迎战田忌的上等马。只见田忌的马在奔跑过程中，一直保持着优势，率先通过终点。见到田忌扳回一局，齐威王心里开始七上八下了。

第三局，田忌用中等马对阵齐威王的下等马，田忌又轻松取胜。最终，田忌以2比1赢得了比赛。看到结果的齐威王面如土色，不得不认输，并将奖金拱手送给田忌。

这个故事中，田忌和齐威王前后参赛用的马都还是那些马，最后经过孙膑的提醒，只是调整了马匹的出战顺序，最后一改"屡战屡败"的结果，取得了胜利。这就告诉我们，平时在生活中要注意观察，学会在相同的条件下，灵活安排顺序来解决实际问题。

生活中有很多时候都会用到田忌赛马的道理，下面这件事要请你来帮忙。一班和四班的小朋友将在跳绳决赛中争夺团体金牌，每班要安排3名同学上场。下面是各班参赛选手的最好成绩，其中一班已经安排了上场顺序。请你想想四班应当怎样对阵，才能以最大机会取得胜利？把你的方案填在表格中。

一班选手	最好成绩	上场顺序	四班选手	最好成绩	上场顺序
A	115个/分	第2轮	D	127个/分	第（　）轮
B	141个/分	第3轮	E	135个/分	第（　）轮
C	130个/分	第1轮	F	108个/分	第（　）轮

藏在十二生肖里的秘密

诗词里的"马"

马在古代社会是人类非常重要的生活伙伴,也是一种重要的生产工具,给人类带来了巨大帮助。作为人类的好帮手,马经常出现在中国古代诗词中,直接歌颂马的作品也不在少数,这也体现出当时的人有多么喜爱马。

马诗

[唐]李贺

大漠沙如雪,
燕山月似钩。
何当金络脑,
快走踏清秋。

简析

月光下的万里平沙就像铺了一层雪,燕山山岭上的明月就像弯钩一样。什么时候才能给这骏马套上金络脑,让它在秋高气爽的疆场上驰骋立功呢?

午马——骁勇、温顺

48

房兵曹胡马诗

[唐] 杜甫

胡马大宛名,锋棱瘦骨成。
竹批双耳峻,风入四蹄轻。
所向无空阔,真堪托死生。
骁腾有如此,万里可横行。

简析

  这是一匹来自大宛国的名马,筋骨精瘦像刀锋一样分明。两只耳朵像削下的竹片一样尖锐,奔跑起来四脚生风。这马不怕路远,骑士可以骑着它放心大胆驰骋。要有这样一匹骁勇奔腾的骏马,横行万里之外都是可能的了。

成语故事：老马识途

出处　战国·韩非《韩非子·说林上》

释义　老马认识曾经走过的路。比喻阅历多的人富有经验，熟悉情况，能起引导作用。

公元前663年，山戎进攻燕国，燕国向齐国求救，齐桓公亲自率军前往，相国管仲和大夫隰朋一同前行。齐军赶到时，山戎已经劫走了一些财物。齐桓公本想就此收兵，但管仲建议乘势追击，直至消灭山戎，以保北方安全。齐桓公接受了他的建议，最终大胜而归。

齐军春天出征，凯旋时已是冬天，草木都变了样。大军在崇山峻岭中迷了路。虽然派出多批探子探路，但仍不知如何走出山谷。此时，军队的给养越来越少，再不找到出路，大军就会困死在这里。

管仲想了想，对齐桓公说："大王，我认为老马有认路的本领，可以试试让它们带路。"齐桓公同意试试看。管仲立即挑出几匹老马，解开缰绳，让它们在大军的最前面自由行走。

也是奇怪，这些老马毫不犹豫朝一个方向行进，就这样带着大军慢慢走出山谷，找到了回齐国的大路。

藏在十二生肖里的秘密

午马 —— 骁勇、温顺

50

古人说"马"

下面这些成语、谚语、俗语、歇后语都带有"马"字,小朋友们不妨读一读,记一记:

走马观花

金戈铁马

千军万马

秣马厉兵

好马不吃回头草

人有失手,马有失蹄

路遥知马力,日久见人心

矮子骑大马——上下为难

斑马的脑袋——头头是道

脱缰的野马——横冲直撞

辰龙　巳蛇　午马　未羊

小朋友,下面这些跟马有关的谜语,你能猜出来吗?

1. 尾巴长,鬃毛飘,会拉车,能奔跑,四个蹄子嗒嗒响,帮助人们立功劳。(打一动物)
2. 叫马不是马,有张大嘴巴。经常在水里,样子挺可怕。(打一动物)
3. 一匹马儿好,就是不会跑,你若骑着它,原地摇啊摇。(打一娱乐设施)

谜底:1.马 2.河马 3.木马

藏在十二生肖里的秘密

属马的名人

◎ 玄烨

爱新觉罗·玄烨，就是大家熟知的康熙皇帝。他是清朝第四位皇帝，也是中国历史上在位时间最长的皇帝，长达 61 年。康熙是位治国天才，在位期间坚持大规模用兵，少年时便斗败鳌拜，成年后平定三藩、统一台湾、挫败沙俄、三征噶尔丹，实现了国土的完整和统一。治理国家方面，康熙注意休养生息，注重发展经济，开创了"康乾盛世"，被后人称为"千古一帝"。

◎ 铁木真

铁木真是蒙古族人，他有一个家喻户晓的尊号——成吉思汗。成吉思汗是中国历史上一位杰出的政治家、军事家，他一生征战无数，在位期间曾经一统蒙古高原各个部落，建立了蒙古汗国。之后，成吉思汗多次率兵出征，通过多次战争，把领土扩张到俄国南部和中亚地区，最远到达黑海的海滨。这也为后来元朝的统一打下了坚实基础，而元朝能拥有辽阔的疆域，也与成吉思汗的功劳密不可分。

午马——骁勇、温顺

◎李贺

唐代有名的诗人非常多，其中有三位李姓诗人格外优秀，一位是李白，一位是李商隐，还有一位便是李贺了，他们合称"唐代三李"。李贺，字长吉，后人也将他称为"李昌谷"。作为唐代中期的浪漫主义诗人，后人将他誉为"诗鬼"，他的想象力非常丰富，而且喜欢引用神话传说托古寓今，像"天若有情天亦老""黑云压城城欲摧，甲光向日金鳞开"之类的千古佳句，都出自李贺的作品。

◎宋慈

宋慈是南宋时期一位非常著名的法医，办案时特别注重实地检验，听讼清明，决事果断，帮助清理了不少积压案件，也让不少人沉冤得雪。宋慈将生平工作经历编纂成了《洗冤集录》，一共有五卷。这不仅是中国第一部系统的法医学专著，也是世界上最早的法医学专著。世人也将宋慈尊为"法医学鼻祖"，以此肯定他对法医学发展做出的重大贡献。

生肖加油站

小朋友，我有几个问题要考考你，你能回答吗？

1. 古人给马起了很多别称，你还记得小马的别称吗？
   A. 驹　B. 驽　C. 骥　D. 骁

2. "大漠沙如雪"的下一句是什么？

3. 看完这一章，你对马了解多少呢？试着自己讲一讲吧。

小朋友，能不能请你画一匹你心目中的马送给我呀？

答案
1. A
2. 燕山月似钩
3. 略

藏在十二生肖里的秘密

庞大的羊家族

关于羊的特点，相信小朋友们都能说出来一些，比如：羊是哺乳动物，头上长角，喜欢吃草，和牛一样也是反刍动物，等等。不过，假如让几个小朋友同时画羊，就会发现一件很有意思的事情——明明大家画的都是羊，但放在一起就是能看出明显的差别。这是因为，羊有很多种，平时都统称羊，但羊和羊又不一样。也正是这些不同的羊组成了庞大的羊家族。

◎ **绵羊**

如果一只羊浑身长着厚厚的毛，仿佛裹着一圈白花花的大棉被，那它就是绵羊了。公绵羊的头上还长着一对螺旋形的羊角，看起来很有攻击性，其实主要是装饰作用；母绵羊的角则非常小，有的甚至看不见。圆滚滚的绵羊不仅看上去很可爱，本身也非常乖，喜欢结伴而行。牧羊人只要管好"带头羊"，其他羊就会有秩序地跟在后面。绵羊毛是很好的保暖材料，而且跟头发一样剃了还会长。当人类发现这一点之后，就开始把绵羊的毛制成羊毛衣、羊毛被、羊毛围巾来保暖御寒，温暖生活。

未羊——善良、温和

◎ **山羊**

和绵羊比，山羊要清瘦不少，因为它们身上没有软蓬蓬的毛，而且留着"络腮胡子"，脸也要瘦长一些，看上去像个憨态可掬的老人。身形清瘦的山羊比绵羊活泼好动，喜欢跑跳，擅长登高，能在更复杂的地形上活动。有些悬崖峭壁、山崖陡坡，一般圈养的家畜可能上不去、不敢走，山羊却能轻轻松松打个来回。中国南方不少低矮的山地、丘陵上，都能见到山羊的身影。

◎ 盘羊

　　盘羊算得上是羊里面的大块头。它最大的特点，就是公羊头顶上那对粗大的螺旋形弯角，这是它们抵御敌人攻击的重要武器。巨大的羊角跟头和身子不太相称，有时光是角的长度就有 1 米多，看上去威风凛凛。就像生活在海边的孩子未必会游泳一样，生活在山区的盘羊虽然身材较瘦，有大长腿，但它们其实并不太擅长爬山，逃跑避险时，为了避免出现爬不上去的尴尬场面，它们往往会避开那些比较陡峭的山坡。

◎ 羚羊

　　羚羊的特征同样非常明显，和盘羊巨大而螺旋的角完全不同，大多数羚羊的角又直又尖，而且非常结实，与敌人搏斗时，是很有力的进攻武器。羚羊非常灵巧，吃草的它们大都体形优美，四肢细长，腿轻轻一蹬就能跳出很远的距离，跑起来给人一种很轻盈的感觉。有一种叫跳羚的羚羊，天生擅长跳跃，轻轻一跳就能跳出三四米的高度，比一层楼还要高。假如它和人类一样住在楼房里，它上二楼根本不用走楼梯，站在地上轻轻一跳就上去了。

辰龙　巳蛇　午马　**未羊**

57

藏在十二生肖里的秘密

◎吉祥的羊

　　自古以来，性情非常温顺的羊就与人类的生活密切相关，像羊奶、羊肉都是非常营养的食物，而羊毛、羊皮又是很好的保暖材料。由于羊的用处很多，而且全身上下都是宝贝，古人祭祀时也会用到羊，人们便认为羊能带来福气，是生活在人间的吉祥物。

　　有一句祝福话叫"三阳开泰"，用来表示冬去春来，万象更新，蕴含好兆头。由于"阳"和"羊"两个字谐音，因此"三阳开泰"也可以说成"三羊开泰"，而且在羊年新年里常常说。

未羊　——　善良、温和

◎ 四羊方尊

古人相信，有羊的地方就有吉祥，于是便想方设法让生活中的各种东西跟羊产生联系，把吉祥带回家。

中国国家博物馆里收藏着这样一件青铜器文物，整个器皿上宽下窄，方形，方口，有大沿，颈部高高耸起。最有特点的地方是器皿的四个角，每个角上有一只卷角羊，羊的头和颈从器皿中伸出来，而羊的身子和腿则留在器皿上。远远望去，就像四只羊头朝外围成圈，身上驮着一只方口的器皿。仔细观察还会发现，羊与羊之间，各有一条探出脑袋的龙，整个方尊的侧面肩部，还精心雕刻了许多精美的龙形花纹。由此可见，这件器皿上既有龙的尊贵，又有羊的吉祥，充分展现了古代礼器的至尊气象。

这件巧夺天工的精美文物就是四羊方尊，1938年出土于湖南省宁乡县，是中国考古发掘出来的商代青铜方尊中，现存最大的一个，被史学界誉为"臻于极致的青铜典范"。

藏在十二生肖里的秘密

羊是怎么成为生肖的

相传一年秋年，天宫中的一只神羊下凡后，发现人们都面黄肌瘦，无精打采，仔细了解才知道，原来人类还不知道种庄稼，能不能吃饱饭纯看运气。神羊同情人类的遭遇，于是回到天宫后，便想办法偷了一些稻、稷、麦、豆、麻的种子，再次下凡时，神羊把这些五谷种子带给了人类，并且顺带教了种植方法。

第二年秋天，经过半年的生长，作物成熟了。仔细观察成熟的麦穗，人们发现它看起来既像羊头，又像羊尾。第一次感受丰收喜悦、品尝香甜粮食的人们举行了一场盛大的祭祀仪式，感谢神羊从天宫带来的五谷种子，以及教会了人们种庄稼的本领，解决了人间吃不饱饭的大难题。

然而，这件事被玉帝知道了。得知羊没经天宫允许，私自把种子带到人间之后，玉帝重罚了神羊，把它贬下人间，不得再回天宫，除了只能以吃草为生，还要将自己的肉和奶无私奉献给人类。人类感激羊的恩情，于是每年都举行腊祭来纪念。

未羊 —— 善良、温和

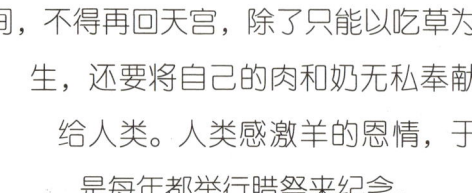
羊是好羊啊，让它当生肖吧！

后来，当人类听说玉帝要挑选十二生肖时，强烈要求羊要上榜。迫于人间的强大民意，玉帝只能接受，因此跑得不快、攻击性也不强的羊，成功成为十二生肖之一。

中国羊城——广州

中国有座城市叫"羊城",它就是广东省的省会——广州。广州有"羊城"的别称,跟美丽的传说故事"五羊衔谷,萃于楚庭"有关。

楚庭就是现在的广州。相传周朝时,广州遭遇了一次大旱灾,农田连续几年收成不好,甚至颗粒无收。人们因为吃不饱饭,都在忍饥挨饿。走投无路的人们开始向神灵求助。

后来,人们的虔诚感动了上天。有一天,南海方向的天空中响起了一阵悠扬的音乐,五色祥云迎风飘来,仔细一看,云上还站着五位身穿五彩衣裳的仙人。他们各自牵着一只羊,羊儿的毛色刚好也是五种,嘴里还都衔着一些稻穗。

仙人们把稻穗赠给了当时的广州人,然后施法降下甘露,缓解了持续几年的旱灾。之后,仙人们便驾云腾空离开,而之前跟来的五只仙羊则化成了祝福之石,永远留在了人间。

之后,人们便将仙稻播进土壤,悉心耕耘,加上仙人的祝福,广州城自此年年丰收,成为岭南地区最富饶的土地。为了纪念衔来仙稻并且镇守广州的五只仙羊,广州慢慢有了"五羊城"的叫法,后面就渐渐演变,简称为"羊城"。

大家看,这里就是"五羊衔谷"传说的发生地。

藏在十二生肖里的秘密

未羊 —— 善良、温和

"羊"字的故事

古代汉语中，"羊"字除了指羊这种动物，还充当"祥"的通假字，表示吉祥的意思。一些汉代出土的铜镜子、铜洗（铜脸盆）之类的文物上，往往有"大吉羊"之类的字，它实际上说的就是"大吉祥"。

由于羊字寓意很好，古人便用它造了一些其他同样寓意很好的字。比如"美"，它的上面是个"羊"，下面是个"大"，最早从羊的形象演变而来。古人认为羊是美的，且羊以肥大为美，因此造出了由大和羊组合而成的"美"字。另外，像用来形容味道很好的"鲜"，用来形容人的品行非常好的"善"和"义"（古时候的繁体字写成"義"）等，这些字里都带有羊。

"通假字"可以简单理解为"通用字""借代字"，是我国古代汉语中很常见的一种文言现象，它的形成原因非常复杂。好在通假字之间有一定的规律，不是随随便便地通用或借代，它们要么读音一样或接近，比如"坐"通"座"；要么字形很像，比如"说"通"悦"。以后读古文，通假字见得多，慢慢也就掌握了。

别吃了，吃太胖会被吃掉的。

古人说肥大的羊更美，我还要再多吃点儿。

跳山羊

跳山羊是一种模仿山羊跳跃的民间传统游戏。奥运会体操比赛中有个类似的项目叫"跳马",但跳山羊远远没有跳马那么难。

玩跳山羊时,需要一个人上身向前弯曲成90°,两腿伸直,双手按住膝盖,低下头,弓起背扮成"山羊";其他人要通过一小段助跑,跑到"山羊"身边,用手撑住"山羊"的肩或背,然后两条腿分开,从"山羊"的身上飞过去,比的是看谁跳得更好。跳不过的,下一轮就要留下来当"山羊"了。

不过,跳山羊这项运动有一定的风险,小朋友最好在体育老师或家长的指导下练习。

你知道这些"羊"词吗

◎羊日

按照中国传统习俗,"羊日"指的是农历正月初四。这一天相传是女娲造羊的日子,因而过去这一天里人们不能杀羊。如果羊日这天天公作美,意味着接下来的一年时间,羊会养得很好,养羊的人家也会有个好收成。

另外,这一天还是恭迎灶神返回民间的日子。人们在初四这天往往会整理年货,清扫屋子,把垃圾收集好堆到一处,称为"扔穷";这天的食物,主要是把早两天的剩饭菜合在一起,变成大杂烩,这叫吃"折箩",避免浪费粮食。处理好之后,再备些瓜果、线香、鞭炮,干净整洁地迎接灶神回来。

◎羊灯

古人专门把灯具做成羊的形状,祈求家庭一年四季平安祥和。

我国出土了不少汉朝时期的羊灯文物,其中一只汉代羊灯,不使用时,它就是一只丰满肥硕、体态端庄的绵羊摆件。羊背上有个可以掀开的盖子,

盖子下面是个容器,可以存放灯油;到了晚上,把盖子掀起,就变成一个灯盘,盘中间有个地方可以放灯芯;盘子尾部有个小口,方便将没用完的灯油倒回容器里;灯盘扣回羊背上时,即可自动熄灭灯火,同时把灭灯时的烟留在羊的"肚子"里,避免呛人。

◎羊车

看到这里,小朋友们是不是会问:羊车,是不是古时候代表吉祥的车呢?

的确是这样。羊车就是"祥车",最初只在皇宫里出现,也就是"辇",一段时间里只允许皇帝与后妃乘坐。汉朝时,皇帝还专门给驾驭羊车的人封了一个小官,叫"羊车小吏"。一直到了南朝时期,羊车才走出皇宫,进入寻常百姓家,成为大众的代步运输工具。

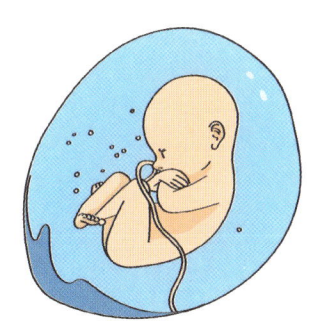

◎羊水与羊膜

小朋友们,你们还待在妈妈肚子里时,身体外面有一层像保护膜一样的透明胞衣,这层膜就叫"羊膜"。由羊膜包裹而成的"保护袋"里,装着一些对胎儿起保护作用的液体,这些液体就叫"羊水"。

明明是人体里的东西,为什么要取羊的名字呢?据说,这还是与羊的美好寓意有关。古人把羊字蕴含的美好祝福融入生命的起点,也是希望小朋友们一出生,就能一辈子健健康康,吉祥如意。

诗词里的"羊"

羊作为一种与人类生活密切相关的动物,加上它又有很好的寓意,因而也是中国古代诗词中的常客。描写草原风光的作品中,更是离不开羊的身影,其中不少还是脍炙人口的名篇,南北朝民歌《敕勒歌》就是一个代表。

敕勒歌
南北朝民歌

敕勒川,阴山下。
天似穹庐,笼盖四野。
天苍苍,野茫茫。
风吹草低见牛羊。

简析

辽阔的敕勒平川在阴山脚下。这儿的天空看起来就像牧民住的毡帐,四面与大地相连。蔚蓝的天空一望无垠,碧绿的原野茫茫不尽。风吹过,草低下来,一群群的牛羊时隐时现。

山坡羊·潼关怀古

[元]张养浩

峰峦如聚，波涛如怒，
山河表里潼关路。
望西都，意踌躇。
伤心秦汉经行处，宫阙万间都做了土。
兴，百姓苦；亡，百姓苦！

简析

曲是元朝时非常流行的一种文艺形式，可以简单理解成元朝时的流行歌曲。和前面介绍过的词很像，词有词牌，曲有曲牌，每个曲牌也有比较固定的结构和句法。元曲的曲牌中带动物的非常少，而且只有羊这一种动物，"山坡羊"是其中之一，其中又以张养浩写的《潼关怀古》最为有名。

成语故事：亡羊补牢

 出处　西汉·刘向《战国策·楚策四》

 释义　羊丢失了，才修理羊圈。比喻在受到损失之后想办法补救，免得以后再受类似的损失。

战国末期，楚国由强盛走向衰败。楚襄王更是整日寻欢作乐，不理朝政。老臣庄辛不忍百姓生活在水深火热中，专程进宫劝谏，告诉他这样下去有灭国的风险。玩得正开心的楚襄王听到庄辛的话很扫兴，边骂边将他赶走了。庄辛深感痛心，一气之下带着全家迁到了赵国。结果庄辛走后不久，秦国便攻陷了楚国，吓得楚襄王仓皇出逃。此时，楚襄王突然想起庄辛闯宫劝谏的忠言，追悔莫及。于是立即派人去赵国接庄辛回来，并且虚心向庄辛请教。

见楚襄王有悔改之意，庄辛语重心长地说了一句："见兔而顾犬，未为晚也；亡羊而补牢，未为迟也。"楚襄王听后，感触很深，一改往日作风，励精图治，最终重振了国威。

藏在十二生肖里的秘密

未羊——善良、温和

古人说"羊"

下面这些成语、谚语、俗语、歇后语都带有"羊"字，小朋友们不妨读一读，记一记：

羊肠小道

羊入虎口

羔羊之义

驱羊攻虎

枯叶黄，不放羊

亡羊补牢，为时未晚

羊吃百花草，不怕百病扰

瞎子放羊——由他去

山羊打架——钩心斗角

小偷进羊圈——顺手牵羊

辰龙　巳蛇　午马　**未羊**

小朋友，下面这些跟羊有关的谜语，你能猜出来吗？

1. 脚像小牛脚，身像大狗身，行像小孩子，须像老大人。（打一动物）
2. 长着两只角，翻穿大皮袄，吃的绿草草，拉的黑枣枣。（打一动物）

谜底：1.羊 2.羊

属羊的名人

未羊 —— 善良、温和

◎曹操

曹操，字孟德，说起他，相信大家都不陌生。曹操在三国时期创立了曹魏政权，在位之时实现了对中原与北方的统一，社会经济也得到了一定发展，这与他用人唯贤、尚礼重法有关。曹操也是著名的文武双全之人，他精通兵法，像《兵书摘要》《孟德新书》都是他留下来的军事著作。他还擅长舞文弄墨，是一个优秀的文学家，他的作品豪迈又豁达，像诗歌《观沧海》《龟虽寿》等，都是广为流传的优秀作品。

◎李世民

李世民是唐朝第二位皇帝，名字里的"世民"二字，蕴含"济世安民"的意思，在治理国家方面，李世民确实也做到了这一点。即位之后的李世民充分吸取了隋朝灭亡的教训，注重体察民情、发展经济，积极听取大臣们的治国建议，虚心纳谏。对内厉行节约，文治天下；对外开疆拓土，为发展创造了和平的环境。由于百姓能够休养生息，终于出现了国泰民安的局面，中国历史上著名的"贞观之治"自此出现，唐太宗也因此被称为一代明君。

◎沈括

沈括出生在北宋时期，是中国古代一位很有名的科学家，在数学、物理、化学等方面取得了很大成就，被视为"中国整部科学史中最卓越的人物"，伟大的《梦溪笔谈》就是由他编写的。这套书一共三十卷，内容涵盖天文、数学、物理、化学、生物等各门学科，同时还记载了一些工艺技术与社会历史现象，相当于一套中国古代的百科全书，并被世界誉为"中国科学史上的里程碑"。

◎岳飞

民族英雄岳飞是南宋时期抗击金军的一位名将，自小从戎，精通军事的他，治理军队以身作则，赏罚分明，成功训练出了一支士气高、战力强的"岳家军"，并且凭借"冻死不拆屋，饿死不掳掠"的军规屡屡立下战功，连对手都感慨"撼山易，撼岳家军难"。擅长行军打仗的岳飞还是一位诗人，他写下的《满江红》里有很多名句，其中"三十功名尘与土，八千里路云和月。莫等闲、白了少年头，空悲切"两句，几乎是家喻户晓。

辰龙　巳蛇　午马　未羊

生肖加油站

小朋友，我有几个问题要考考你，你能回答吗？

1. 下面哪种关于羊的说法是错的？

   A. 古代汉语中的"羊"字还表示吉祥的意思。

   B. 山羊浑身长着厚厚的羊毛，仿佛裹着白花花的大棉被。

   C. 四羊方尊是中国考古发掘出来的，现存最大的商代青铜方尊。

   D. "三羊开泰"是一句很适合在羊年新年里说的祝福语。

2. "天苍苍，野茫茫"的下一句是？

3. 看完这一章，你对羊了解多少呢？试着自己讲一讲吧。

小朋友，能不能请你画一只你心目中的羊送给我呀？

答案

1. B
2. 风吹草低见牛羊
3. 略

藏在十二生肖里的秘密 叁

申楠 编著

石油工业出版社

图书在版编目（CIP）数据

藏在十二生肖里的秘密 / 申楠编著. —北京：石油工业出版社，2022.12
ISBN 978-7-5183-5596-9

Ⅰ.①藏… Ⅱ.①申… Ⅲ.①十二生肖—青少年读物 Ⅳ.①K892.21-49

中国版本图书馆CIP数据核字（2022）第167743号

藏在十二生肖里的秘密
申楠　编著

出版发行：石油工业出版社
　　　　　（北京安定门外安华里2区1号楼　100011）
网　　址：www.petropub.com
编 辑 部：（010）64523616　64523609
图书营销中心：（010）64523731　64523633
经　　销：全国新华书店
印　　刷：金世嘉元（唐山）印务有限公司

2022年12月第1版　　2022年12月第1次印刷
710毫米×1000毫米　　开本：1/16　　印张：15
字数：180千字

定价：88.00元（全三册）
（如发现印装质量问题，我社图书营销中心负责调换）
版权所有，侵权必究

申猴

最像人类的生肖——猴 / 02

中国特有的猴子 / 04

猴子捞月 / 06

美猴王孙悟空 / 08

褒也是猴，贬也是猴 / 10

诗词里的"猴" / 12

成语故事：杀鸡儆猴 / 14

古人说"猴" / 15

属猴的名人 / 16

生肖加油站 / 18

小块头有大力量 / 20

"喔喔喔"与"咯咯嗒" / 22

鸡有五德 / 24

太阳的使者 / 26

百鸟之王——凤凰 / 27

美味的鸡肉 / 28

诗词里的"鸡" / 30

成语故事：闻鸡起舞 / 32

古人说"鸡" / 33

属鸡的名人 / 34

生肖加油站 / 36

人类的好朋友 / 38
形形色色的"汪星人" / 40
狗狗的尾巴会说话 / 42
灵犬黄耳 / 44
神犬哮天 / 45
天狗吃月是咋回事 / 46
诗词里的"狗" / 48
成语故事：狗尾续貂 / 50
古人说"狗" / 51
属狗的名人 / 52
生肖加油站 / 54

生肖之末——猪 / 56
家猪与野猪 / 58
豪猪不是猪 / 59
关于猪的两大误会 / 60
猪的地位不一般 / 62
生肖小故事 / 63
猪家有异兽 / 64
诗词里的"猪" / 66
成语故事：行若狗彘 / 68
古人说"猪" / 69
属猪的名人 / 70
生肖加油站 / 72

最像人类的生肖——猴

◎人类的"近亲"

猴在十二生肖中排第九,是所有生肖中最像人类的动物。之所以这样说,不仅因为它们长得和人类有些像,还因为它们跟人类一样,都是灵长目动物。

猴子其实是一个总称。除了人类,灵长目中的很多动物都可以称之为猴,它们大都有比较发达的大脑;眼眶都朝前方,而且眼眶之间的距离比较窄;手指与脚趾都能分开,能与其他指(趾)对握,其中大指(趾)头最灵活,这有助于它们攀爬树枝、抓取食物,甚至可以像人类一样,用手灵活使用工具。

在猴子大家族中,进化程度更高的长臂猿与大猩猩跟人类的亲缘关系最接近,它们也叫"类人猿",可以算作人类的"近亲"。

◎能干的猴子

和一般的哺乳动物相比,猴子的大脑发达,智力也更高一些。

大部分哺乳动物都是色盲,只能看到黑色、白色,但猴子的眼睛能辨别色彩。

猴子的关节也非常灵活,特别是手指部分的关节,可以做一些比较复杂的动作。

由于有这些特点，经过特殊训练的猴子，甚至可以帮助人类做一些有技术含量的事情。据传，明朝抗倭将领戚继光就曾派人专门训练了一批猴子，让它们学会使用火器，成为一支特殊的猴子部队。在一次战斗中，戚继光就是通过这批猴子放火偷袭敌营，打敌人一个措手不及，最终成功全歼了倭寇。

◎打出来的猴王

猴子是一种社群性很强的动物，喜欢成群结队地活动。一个猴群里的猴子，少则几十只，多则上百只。这种动物群体当中，往往都会通过各种方式形成一个"领袖"，也就是王，其余成员都要听王的命令。

猴群的领袖叫猴王，主要负责保卫群体成员和生活领地的安全。只有最勇猛的猴子才能称猴王，因此在猴子的社会里，谁能称王，武力说了算，于是猴王的候选人，往往在猴群中几名年轻力壮的公猴子里产生。

不过，尽管猴王在猴群中的地位最高，权力最大，但它的位置并不是绝对牢固的。如果群里有猴子对猴王不服气，随时可以向它发起挑战。一旦守擂失败，老猴王就必须让出自己的"王位"，接受新猴王取代自己、登上宝座的事实。

中国特有的猴子

◎金丝猴

世界上共有四种金丝猴,其中中国特有的占三种,它们分别是川金丝猴、滇金丝猴、黔金丝猴。川、滇、黔分别是中国四川、云南、贵州三个省的简称,因此从名字来看,大概也能知道它们主要分布在中国的西南地区。

三种金丝猴都活泼机灵、形态可爱,而且毛色很靓丽。但很不幸的是,这三种金丝猴的数量现在都不多,属于濒危动物,它们的珍贵程度不亚于大熊猫,都是国宝级动物!为了保护金丝猴,小朋友们应该从自身做起,爱护环境,让可爱的金丝猴长长久久地和我们一起生活在地球上!

◎白头叶猴

白头叶猴主要分布在中国的广西壮族自治区。为什么叫这个名字呢?因为它们的头顶高耸着一撮尖尖的白毛,好像戴着一顶小白帽,平时它们又主要以树叶为食,所以人们就取了这么个生动形象的名字。

藏在十二生肖里的秘密

申猴 —— 机灵、活泼

白头叶猴的脑袋比较小，身子瘦瘦的，四肢细长，体毛以黑色为主，平时喜欢在树林间攀援、游荡，然后挑选鲜嫩的叶子和新鲜的果子吃。你看看，由于吃的都是素食，运动量还大，所以白头叶猴的身子瘦瘦小小也就不奇怪了。

由于环境破坏、干旱缺水等，白头叶猴的数量也在急剧减少。跟金丝猴一样，白头叶猴也是濒危动物。

◎藏酋猴

虽然藏酋猴的名字里有个"藏"字，但它其实并不来自西藏。藏酋猴的分布范围很广，从西南部的山区，到浙江、福建等沿海地区，都有它的足迹。

相对于其他猴子来说，藏酋猴算是比较壮实的了，嘴里有一对比较大的虎牙，除了植物的叶、芽、果子，藏酋猴有时也会抓一些昆虫、蛙类，或者偷一些鸟蛋改善伙食。白天，藏酋猴一般在地面上活动，到了夜里，它们会选择到大树、悬崖，或者石壁的大缝隙之类的地方休息。毕竟这些地方都在高处，可以避开一部分天敌的袭击，相对比较安全。

峨眉山上就生活着不少藏酋猴，它们胆子大，不怕人。如果小朋友们有机会去峨眉山游玩，上山要记得照顾好自己随身的物品，别被藏酋猴给偷走了；晚上睡觉要记得关好门窗，别给它们进屋做客的机会呀。

藏在十二生肖里的秘密

猴子捞月

申猴——机灵、活泼

相传，从前有一群猴子生活在一棵大树上。大树旁边有一口水井，猴子们渴了就去井里喝水。通常，猴子们都是白天活动，晚上休息。

一天夜里，有只小猴子口渴了，于是就到井边找水喝。没想到，刚到井边的小猴子突然大声喊道："不好啦！不好啦！月亮掉进水里啦！大家快来捞月亮呀！"

有只没睡熟的大猴子听到喊声后，马上跑了过来。它探出脑袋往井里看了看，然后也跟着喊了起来："糟了，糟了，月亮真的掉进井里啦！"

这下子，猴子们陆陆续续都醒了，纷纷跑到井边来一探究竟。见到漂在水面上的月亮，猴子们议论纷纷。这时，猴群里年纪最大的老猴发话了："大家都安静，我们赶紧想办法把月亮捞起来吧！"话音刚落，大猴子马上开始组织大家排队捞月亮：身体最强壮的倒挂在树上，位列第一，然后一只拉着另一只，从树上一直垂到井里。队伍的最末端是一只小猴子，稍微伸伸手就能碰到水面。

没想到，小猴子刚把手伸进水里，月亮就四分五裂了。小猴子赶紧用手去捞月亮碎片，结果水里的月亮跟着搅动的水纹一起，变得更碎了。

小猴子吓坏了，连忙把手从水里抽出来，哭着说："我把月亮捞碎了……"

但神奇的是，只过了一小会儿，水里的月亮碎片又重新聚在一起，变成了一轮完整的月亮。小猴子又伸手去捞，很显然，月亮又碎了。

就这样，猴子们来回捞了几次。月亮一直在水里，但挂在树上的猴子们却撑不住了，纷纷埋怨小猴子不认真，连个月亮都捞不起来。老猴子更是早就筋疲力尽，打算先回树上喘口气。刚一抬头，老猴子意外发现，月亮好好地挂在天上呢，于是连忙对大家伙说："别捞了，别捞了，月亮没掉下来呢！"

原来，猴子们在井里见到的，只是月亮在水里的倒影，猴子们没有弄清楚真相，以假当真，所以白忙活了一场。后来，人们就用猴子捞月这个故事表达"徒劳"的意思。

美猴王孙悟空

说到猴子，就不得不提大名鼎鼎的孙悟空了。

孙悟空是中国古代神魔小说《西游记》里的主角之一，出生在东胜神洲的花果山。和一般的猴子不一样，孙悟空是从一块仙石里"蹦"出来的。天生本领高强的它，由于带领这里的猴子顺利进入水帘洞，因而被山里的其他猴子尊为"美猴王"。

为了学艺，孙悟空漂洋过海，拜在须菩提祖师门下，孙悟空的名字也是这时有的。聪颖好学的悟空很快便掌握了长生不老、七十二变和腾云驾雾之术，但因为稍有进步就爱卖弄显摆，最终被祖师赶出了师门。

离开师门的孙悟空暂时回到了花果山。为了挑件称手的兵器，孙悟空下到东海龙宫，取了"如意金箍棒"。由于被鬼差拘拿，孙悟空大闹地府，销毁了他和世间猴子猴孙的生死簿，阎王因此上天告了御状。玉帝原本打算捉拿孙悟空，后来在太白金星的建议下，给孙悟空封了个芝麻官——弼马温。孙悟空起初还挺高兴，后来知道弼马温不过是个养马的人，一气之下又回到了花果山。

为了捉拿孙悟空，玉帝先后派

了托塔李天王和哪吒三太子下来讨伐，但都不是孙悟空的对手。此时，为了稳住孙悟空，天庭给孙悟空封了个有名无实的齐天大圣，并安排他掌管蟠桃园。没想到，桀骜不驯的孙悟空在蟠桃园里偷吃蟠桃、偷喝仙酒，并且借着酒劲毁了王母娘娘的蟠桃会，还偷吃了太上老君的仙丹妙药。

怒不可遏的玉帝指派众神捉拿这只妖猴，没想到孙悟空见招拆招，搅得天界不得安宁，即便被抓到斩妖台问斩，由于吃了太上老君的仙丹，孙悟空早已浑做金钢之躯，普通刑罚对他根本没有效果。最终，还是如来佛祖及时出现，略施小计，将孙悟空压在五行山下进行惩罚，让他用五百年的时间悔过自新，天庭这才恢复了安宁。

后来，经过观音菩萨点化，孙悟空被唐僧救出，并拜唐僧为师，踏上了保护唐僧上西天取经的道路，中途还有猪八戒、沙和尚加入队伍。师徒四人一路上斩妖除魔、智斗鬼怪，历经九九八十一难后，成功取得真经，修成正果。

褒也是猴，贬也是猴

申猴 —— 机灵、活泼

◎ 功名可待

明清时期的中国，吉祥文化非常流行。人们会通过一些有良好寓意的动植物，寄托对美好事物的向往和追求。古时候的文化人大都把考取仕途、加官进爵当成人生一大重要的目标。如果能成为侯爵，更意味着高官厚禄，生活无忧。由于猴和侯爵的"侯"同音，所以人们就以猴子为原型，创作了许多艺术作品，将"升侯"的祝福蕴藏其中，通过这种方式传递吉祥文化。

我国各地大大小小的博物馆里收藏着很多玉器古玩，其中一些就跟猴子有关。有一尊明代黄玉雕，它雕刻的是一只猴子趴在马背上的样子，表达"马上封侯"的美好寓意。有一尊清代象牙雕，它雕刻的是一只小猴子趴在大猴子背上的样子，表达了"辈辈封侯"的美好祝福。你也可以观察家中，或一些公共场合陈列柜里的摆件，如果你看到了猴子的形象，说不定它暗含的就是"渴望升侯"的祝福。

◎心境浮躁

虽然猴在艺术作品中往往带有"升侯"的美好寓意，但猴子毕竟生性顽皮，控制不住自己，仿佛有"多动症"一样，因而它在中国的传统文化中也有不太好的一面。如果仅仅是用"猴"来形容一个人的动作非常敏捷那还说得过去，但如果用"猴"来形容一个人，那可不完全是表扬了，往往还带有一些批评的意思，比如粗心大意、注意力不集中等。

用猴子来形容一个人注意力不集中，这其实跟猴子的一个特点有关。小朋友，你一定去过动物园，或许也观察过猴子的屁股。猴子的屁股没有毛，红扑扑的，和身上的毛相比，实在是太显眼了。原来，猴子喜欢用屁股在地上蹭来蹭去，经常不分场合席地而坐，时间一长，屁股上的毛就退化了，由于皮肤下面的毛细血管很丰富，屁股看起来自然就红红的。现在，人们也常用"猴子屁股坐不住"来调侃那些坐立不安、心浮气躁、粗心大意的人。不过，这种说法粗俗了一些。另外还有一个词叫"心猿意马"，它以更加文雅的方式表达了差不多的意思。一个人的思维好像猴子在跳，意识好像马在奔跑，这怎么可能坐得住啊！

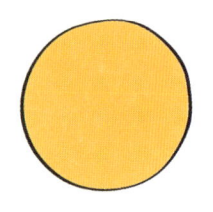

诗词里的"猴"

通过前面的介绍，相信小朋友们知道了猿和猴之间的不同。作为一种常见的动物，中国古代诗词中也经常提到猿和猴，但古人写诗时，对它们却不怎么区分，并且喜欢借"猿啼""猴吟"来表达作者自己的情感。下面两首作品就很典型，但它们表现的情感却完全不同。

猿
[唐]徐寅

宿有乔林饮有溪，生来踪迹远尘泥。
不知心更愁何事，每向深山夜夜啼。

简析

大多数作品中，"猴吟""猿啼"给人的感觉都是一种悲哀的声音，听起来好像很凄凉的样子。就像这首诗最后的两句，作者就觉得猿猴每天夜里在深山中啼叫，好像有说不完的愁心事一般。

早发白帝城

[唐] 李白

朝辞白帝彩云间，千里江陵一日还。
两岸猿声啼不住，轻舟已过万重山。

简析

　　清早的白帝城彩云缭绕，此时我已离开，踏上归程。千里外的江陵城一天之内就已到达。伴随着两岸此起彼伏的猿猴啼声，轻快的小船一下就驶过了连绵不绝的万重山峦。

　　同样是"猿啼"，李白这首诗给人的感觉就大不同了，小朋友你能试着感受出其中的心情吗？

成语故事：杀鸡儆猴

《易经·师》

杀鸡给猴子看。指通过惩罚一个人的方式来警告他人。

相传春秋时期，齐景公任命田穰苴为大将，宠臣庄贾当监军。二人约好第二天中午在营门集合，结果第二天穰苴早早赶到营中，庄贾直到太阳落山才带着醉意前来。得知庄贾是因为朋友吃饭而迟到并且不把迟到当回事，穰苴很生气，毕竟按照军法，无故误了时间要问斩。而庄贾仗着自己是国王的宠臣，认为穰苴不敢把他怎么样。

穰苴不畏权势，坚持按军法处置，下令拿下庄贾。得知穰苴要来真的，庄贾吓得连忙安排随从进宫向齐景公求救。正当穰苴要问斩庄贾时，使臣带着景公要求释放庄贾的命令盛气凌人地赶到。穰苴冷静地说道："将在外，君命有所不受。且在军营随意跑马，按军法该斩。"吓得来使脸色惨白。穰苴见状，补充道："不过君王派来的使者，可以不杀。"但下令杀了他三驾车的左马，砍断了马车左边的木柱，然后让使者回去报告。

这些事，将士们都看在眼里，知道穰苴纪律严明，不敢轻易违纪。也正因为这样，穰苴率领的军队一旦出征便所向披靡。

古人说"猴"

下面这些成语、谚语、俗语、歇后语都带有"猴"字,小朋友们不妨读一读,记一记:

猴年马月

沐猴而冠

尖嘴猴腮

杀鸡儆猴

属猴的,拴不住

猴子屁股坐不住

山中无老虎,猴子称大王

猴子捞月——空欢喜

猴子戴手套——毛手毛脚

猴子戴礼帽——假装文明人

猴子跳出水帘洞——好戏在后头

申猴　酉鸡　戌狗　亥猪

小朋友,下面这些跟猴有关的谜语,你能猜出来吗?

1. 鼻孔朝天尾巴长,脸色铁青毛金黄。(打一动物)
2. 像猴没尾巴,身似黑铁塔,兽里最聪明,善于玩杂耍。(打一动物)

谜底:1. 金丝猴　2. 黑猩猩

藏在十二生肖里的秘密

申猴 —— 机灵、活泼

属猴的名人

◎武则天

武则天是唐朝的一位皇帝，也是中国历史上唯一一位女皇帝。十四岁进宫时，获得"武媚"的赐号，这便是她被称为"武媚娘"的原因。武则天很重视选拔优秀的人才，像殿试、武举和试官制度，这些都是她推出的新措施，确保优秀的人能发挥他们的价值。另外，武则天还大力扶植农业生产。正是这些措施，让武则天执政期间的唐朝国力持续增强，后人更是评价她为"封建时期杰出的女政治家。"

◎辛弃疾

辛弃疾是南宋时期的著名词人，幼安是他的字，稼轩是他的号，他留下的作品集《稼轩长短句》便是以他的号而得名。中国古代的词有豪放跟婉约两大派系，辛弃疾是豪放派的代表人物，被称为"词中之龙"。他写的词，风格非常豪迈雄浑，内容主要是抒发爱国主义思想。他写过许多脍炙人口的名篇，其中最有名的一句应该是"众里寻他千百度，蓦然回首，那人却在，灯火阑珊处"了。

◎文天祥

文天祥是南宋末年的政治家、文学家、诗人，他给自己取了个好听的名号，叫浮休道人。史料中记载的文天祥皮肤白皙、相貌堂堂，是一位不折不扣的美男子，然而眉清目秀的他却气势豪放，曾散尽家财招募士卒抵御元军的进攻。交战中，文天祥曾在五坡岭被元军俘获，被关押的三年里历经各种威逼利诱仍然宁死不屈，最终英勇就义。千古名句"人生自古谁无死，留取丹心照汗青"便出自文天祥的诗作《过零丁洋》。

◎左宗棠

左宗棠是"晚清中兴四大名臣"之一，尽管年轻时考试屡屡落榜，但这并没有动摇他对学习的热爱。遍读群书的左宗棠格外留意农事，钻研地理与兵法，后来成为晚晴时期优秀的军事家，大力巩固了国家的海防与边防力量。作为湘军统帅的他，成功平定了太平天国运动，并且率军顺利收复了新疆。另外，左宗棠还是洋务运动的兴办人之一，极大推动了中国新式学堂的建立与中国近代工业的发展。

生肖加油站

小朋友，我有几个问题要考考你，你能回答吗？

1. 下面哪项特征与猴不符？

   A. 聪敏　　B. 机智　　C. 喜静　　D. 好动

2. 以下哪个词与孙悟空无关？

   A. 七十二变　　B. 腾云驾雾　　C. 齐天大圣　　D. 好吃懒做

3. 看完这一章，你对猴子了解多少呢？试着自己讲一讲吧。

小朋友，能不能请你画一只你心目中的猴送给我呀？

藏在十二生肖里的秘密

申猴 —— 机灵、活泼

答案：1.C　2.D　3.略

酉鸡

小块头有大力量

◎害虫克星

说到鸡,小朋友们的第一反应可能是小小的、弱弱的。其实,别看鸡的个头不大,却是害虫的克星。像蜈蚣、蝎子、蝗虫、蝇蛆之类的动物,可能给人类的生活健康与农作物的生长造成比较大的危害,所以古人每到春夏之交,就会开始灭虫除害,而小小的鸡,就是一个得力助手。

对于鸡来说,这些虫子都是最美味的零食。以五毒之首蜈蚣为例,当鸡遇见一条爬行的毒蜈蚣时,便会轻轻地迈着步子,耐心地跟在后面,抓住时机,"嘚嘚嘚"地啄去蜈蚣的腿,让它没办法逃跑,最后再一口将蜈蚣吞到肚子里。

另外,在我国一些干旱地区,庄稼成熟期常会遇到蝗灾,聪明的农民利用鸡爱吃蝗虫的特点,会在蝗虫来袭时,把鸡放到田间散养,

嘴有点儿馋了,我来看看好吃的虫子在哪里?

让它们帮忙"整治"这些破坏庄稼的害虫。这样，既能让鸡大快朵颐，又保护了庄稼，可以说是一举两得。

或许有小朋友会好奇，蜈蚣之类的虫子有毒，鸡吃了不会中毒吗？原来，鸡的内脏有很强的排毒能力，这些小虫子身上的毒素对它们而言根本不算啥，过不了多久，这些毒素就会被排出来，因此鸡完全不用担心这些问题。

◎勇敢善斗

别看鸡身子小小的，却有善勇好斗的特点，是天生的斗士，而且其中斗鸡又是鸡中最善斗的类别，是典型的"战斗鸡"了。人们发现了鸡的这一特点，于是发展出了丰富多彩的斗鸡文化。

据文字记载，早在先秦时期，斗鸡这种娱乐活动就出现了，还有专门的人来组织。到了唐代，斗鸡运动变得更加流行，以王孙公子为主的上层阶级成为当时斗鸡的主要人群。再往后，斗鸡这项活动走进了兵营，成为激励士兵们勇敢作战的一种游戏，用来鼓舞士气。

进入比赛状态的斗鸡，总是雄赳赳、气昂昂的，喜欢以飞扑、猛啄的方式主动进攻，而且越战越勇，完全一副"输势不输人，输人不输阵"的架势。两只斗鸡在激烈对战时，往往场上鸡毛乱飞，有时甚至打得鲜血淋漓，直到一方投降认输才算败下阵来。

我国曾发行了一套《辛酉年》生肖邮票，图案是一只五彩缤纷的花公鸡，设计师赋予它激昂振奋、英姿勃勃的形象，也是为了展现鸡这种骁勇善战、不轻易言败的品质！

别惹我，我可是一只战斗鸡！

藏在十二生肖里的秘密

酉鸡——守时、诚信

"喔喔喔"与"咯咯嗒"

◎ 公鸡"喔喔喔"

小朋友，你们早上是怎样起床的呢？可能有一部分小朋友，天一亮自己就醒来了，但更多的小朋友需要依靠闹钟起床，或者需要爸爸妈妈叫醒。不少爸爸妈妈也是靠闹钟起床的。古时候没有闹钟，人们是怎样清早起床的呢？这就不得不提人类的"时间管理"好帮手——公鸡。

公鸡一般在日落山岗后进笼归窝，在第二天凌晨的三到五点准时醒来，开始"喔喔喔"地报晓。古时候有句话叫"三更灯火五更鸣，正是男儿读书时"，说的就是公鸡总在凌晨三到五点打鸣的现象，而那时的书生听到鸡鸣，便知道不可以再睡懒觉，该起床读书啦！

小朋友们是否好奇，公鸡为何总能在这个时候准时打鸣呢？原来，科学家经过研究发现，在公鸡的大脑与小脑之间，长着一个叫松果体的内分泌腺，松果体一到夜里就会分泌褪黑素，正是这种物质，让公鸡能够记忆明、暗的规律，按时打鸣，仿佛大脑里长了一个闹钟一样。有了它，公鸡就能准确报时了。

22

◎ 母鸡"咯咯嗒"

一般只有公鸡打鸣，母鸡不会打鸣，只会"咯咯嗒"地叫，声音没有那么响亮，而且母鸡也不会每天大清早按时发出这种叫声。

母鸡主要扮演孕育后代的角色，一只成年的母鸡，每年大约可以生出300个蛋，其中大约200个有机会孵化出小鸡。生活在野外的母鸡，往往会提前采一些干草或者柔软的植物，把它们铺在一起，搭出一个自己下蛋的窝。

下蛋前，母鸡会连续不断地发出"咯咯嗒"的叫声，仿佛在说："注意！我要下蛋了！"成功把蛋生下之后，母鸡会用自己的体温来孵蛋，直到小鸡从蛋里破壳而出。

就像妈妈会保护自己的孩子一样，母鸡在发现周围有敌人时，也会张开翅膀把小鸡保护起来。相信大家都玩过老鹰抓小鸡的游戏，母鸡大概就是像那样张开翅膀进行保护的。

藏在十二生肖里的秘密

西鸡——守时、诚信

鸡有五德

鸡是人类最熟悉不过的家养动物之一，因为喜欢鸡，古人也对鸡赋予了丰富的文化内涵。古人认为，家鸡具有五德——文、武、勇、仁、信。这是古人对鸡最高的评价，并且在十二生肖之中是独一无二的。

◎文

公鸡和母鸡的头顶上都长着红色的鸡冠，公鸡的鸡冠比母鸡的鸡冠大，像一簇燃烧的火焰，看起来更加威严。古人把鸡的这一特点称为"文德"。中国清朝时的官员用顶戴来区别官员的品级，所谓顶戴，就是官帽上的一种装饰品，它就是受鸡冠的启发而发明的。越高级别的官员，顶戴也越华丽。

有了我美丽的鸡冠，才有了人类的冠戴文化。

◎武

公鸡的一双爪子后面，有一个突出来像脚趾的东西，它叫"距"，打斗时可以作为得力的武器。凭着这一特点，古人为鸡赋予了"武德"，鸡也由此成为一种文武双全有灵性的家禽，受人们尊敬与喜爱。

◎ 勇

鸡是一种非常勇敢的动物，而且具有"遇敌而勇"的特点。特别是公鸡，一见到敌人来犯，就会马上进入战斗状态。此时的公鸡会竖起雄冠，一双炯炯有神的眼睛死死盯住敌方，全身的羽毛也会微微蓬起，好像要与对手展开一场殊死搏斗。母鸡如果发现有敌人要抢自己的孩子，也会与敌人拼搏到底。因此，古人认为鸡具有坚强不屈的"勇德"。

敢来偷鸡蛋，信不信我啄你!

◎ 仁

经过长时间的观察，古人发现一般情况下，鸡在鸡群中是不吃独食的。如果一只鸡发现了食物，便会发出欢快的声音，呼唤同伴前来一起分享，像极了人们平时说的"有福同享"。古人认为鸡的这种做法非常仁义，因而认为它们具有"仁德"。

这里有好吃的，大家一起来吃呀!

◎ 信

天快亮了，我该打鸣了。

不论严寒酷暑，不论刮风下雨，公鸡永远会在黎明时分准时报晓，宣布新的一天正式来临。公鸡这种"天明而歌"的特点让古人非常钦佩，认为这是为人类做了一个很好的守信榜样，值得人们学习。为此，古人便认为鸡具有"信德"。

藏在十二生肖里的秘密

酉鸡——守时、诚信

太阳的使者

公鸡打鸣其实是一种生物现象，由于受到光线的刺激，公鸡身体里的激素分泌被抑制，于是这个时候公鸡就会不由自主地打鸣。但是，古人并不知道其中的原理，他们只看到了公鸡不厌其烦、日复一日地准点报晓，便认为鸡是知道时间的家禽，并且给它取了"知时兽"的名字。

与此同时，人们还给鸡赋予了很多神话传说。相传后羿射下九个太阳之后，剩下的那个太阳吓得躲到山后面不敢出来，整个大地因此陷入无尽的黑暗，一只英勇的大公鸡对着黑漆漆的大山连叫三声，取得了太阳的信任之后，太阳才重新升起，大地才再次见到光明。

口耳相传的神话，加上日常生活的见闻，人们也逐步接受了"鸡是太阳的使者"的说法，鸡也更加频繁、深入地出现在中国古代各种传统文化活动与仪式当中。各种各样的陶鸡、鸡形壶、金鸡等就是这样出现的。除了祭祀，鸡还会出现在重要的结盟场合里，歃血为盟就经常用到鸡。另外，金鸡在古时候还专门用来指代帝王大赦天下的行为。

由此可见，鸡作为太阳的使者，在中国传统文化中拥有非常好的形象。

百鸟之王——凤凰

中国的传统文化中有一种非常神奇的动物——凤凰。和龙一样，凤凰也是一种想象出来的动物，体内蕴含着改变世界的神奇力量。

《山海经》中提到："有鸟焉，其状如鸡，五采而文，名曰凤凰……"凤凰其实是两只外貌像鸡的神鸟，其中"凤"是雄鸟，"凰"是雌鸟，无论雌雄，它们全身上下都长着五彩斑斓的美丽羽毛。

其中，凤凰头部、翅膀、背部、胸部、腹部的羽毛花纹，分别对应"德""义""礼""仁""信"五个汉字的形状，寓意凤凰身上的五种优良品德。

民间俗语"山鸡变凤凰"从侧面体现了凤凰和鸡之间的联系。被誉为百鸟之王，象征太平盛世的凤凰居然是由普通的鸡变成的，这也体现了鸡在人们心目中的地位。

藏在十二生肖里的秘密

酉鸡——守时、诚信

美味的鸡肉

自古以来，鸡肉就是非常鲜美的食材之一，人们很早就通过养家鸡的方式来获取鸡蛋和鸡肉。中国各大菜系中都有鸡肉名菜，快来看看有没有你喜欢的吧！

◎道口烧鸡

道口烧鸡是河南省安阳市道口镇的一道传统名菜，距今已有300多年的历史，是一道和北京烤鸭、金华火腿齐名的中国著名特产。

相传乾隆年间，有个叫张炳的人，经御厨老友刘义传授了"要想烧鸡香，八料加老汤"的烹饪秘诀，将陈皮、肉桂、豆蔻、丁香、白芷、砂仁、草果、良姜八味佐料精心调配，最后成功研制出了香味浓郁、肥而不腻的烧鸡。自那之后，道口烧鸡的美味就代代相传、名扬四海了。

◎常熟叫花鸡

常熟叫花鸡是江苏省常熟市的一道地方名菜，是苏菜菜系中的一大经典。

常熟叫花鸡也叫煨鸡。相传很早以前，有个叫花子偶然得来一只鸡，把它抓住后处理干净，用黄泥与柴草，连同附着在皮上的羽毛一起把整只鸡包好，然后放到火

中煨烤。等到泥浆完全烤干时，鸡也熟了。这时剥去表面的泥壳，皮上的鸡毛也跟着泥壳一起去掉了，此时展现在眼前的便是白嫩的鸡肉。由于泥壳的作用，烤熟的鸡肉饱含汁水，一口咬下去满嘴留香。

◎重庆辣子鸡

辣子鸡是川菜菜系中的经典，整道菜色泽棕红油亮，鲜香扑鼻，光是看一眼都非常有食欲。喜欢吃辣的小朋友估计已经开始流口水啦！

制作辣子鸡的鸡块，先要用油炸一遍，让它变得外焦里嫩，然后再用大量的干辣椒、花椒等一起拌炒。好吃的辣子鸡一定是满满的辣椒把鸡盖住，一眼望去红红火火的感觉。如果只是一大盘鸡块中零零碎碎地出现几块辣椒，这一定不是正宗的重庆辣子鸡。

◎新疆大盘鸡

新疆大盘鸡是中国西北菜的成员，据说清朝时期，左宗棠在新疆打了胜仗之后，以当地的土鸡和辣椒为原料，开发出了一道新的美食，犒劳了英勇的三军。由于新菜美味无比，人们口口相传，后人便根据这份食谱进行改良，形成了今天的新疆大盘鸡。

美味的新疆大盘鸡要经过先炒后炖的烹饪步骤，鸡肉、土豆、面皮是整道菜的重要组成部分。做好的大盘鸡，鸡块皮焦肉烂，味道鲜美，盘中的土豆和面皮则因为吸收了鸡肉中的油脂与油盐百味而变得格外可口。

29

藏在十二生肖里的秘密

诗词里的"鸡"

因为雄鸡报晓,所以"鸡"有着与其他家禽相比独有的文学象征——时间。古代诗词中常用"鸡鸣""鸡声"来表示时间,其中最著名的莫过于温庭筠《商山早行》中的"鸡声茅店月,人迹板桥霜"。当然,也有一些爱鸡的诗人专门为鸡写了作品,唐伯虎的《画鸡》就很有意思。

画鸡

[明] 唐寅

头上红冠不用裁,满身雪白走将来。
平生不敢轻言语,一叫千门万户开。

译文

头上长着红色冠子,都不用裁剪,浑身雪白的它正朝我走过来。它在平时的生活中不敢轻易鸣叫,因为它只要叫一下,千家万户的门就都要打开。

酉鸡——守时、诚信

商山早行

[唐]温庭筠

晨起动征铎,客行悲故乡。
鸡声茅店月,人迹板桥霜。
槲叶落山路,枳花明驿墙。
因思杜陵梦,凫雁满回塘。

　　黎明时分起床赶路,车马铃铛已经响动,远行的游子悲思故乡。此时,沐浴在月光里的茅草店边响起了雄鸡的报晓声,覆盖着寒霜的木板桥上印着旅人的行行足迹。枯败的槲叶落满荒山野路,枳花则在驿站的泥墙上盛放。我于是想起昨晚梦到杜陵的美好情景:一群鸭和鹅,正在岸边弯曲的湖塘里嬉戏。

成语故事：闻鸡起舞

出处　《晋书·祖逖传》

释义　听到鸡叫就起来舞剑。比喻志向远大的人懂得及时发奋努力。

祖逖与好友刘琨都是东晋人，俩人都希望有朝一日能将匈奴兵赶出中原。由于二人感情深厚，加上有共同远大的理想，于是决定一起发奋读书、习武练艺，报效国家。

一天夜里，俩人睡得正香，一阵鸡叫声惊醒了祖逖。他紧接着叫醒刘琨："别人都认为半夜听见鸡叫不吉利，我偏不这样想，咱们干脆以后听见鸡叫就起床练剑如何？"刘琨欣然同意。此后，他们经常就着皎洁的月光起床练剑，直到皓月西沉、东方发白才回屋。春去冬来从不间断。

功夫不负有心人，经过长期的刻苦学习和训练，他们终于成为能文能武的全才，既能写得一手好文章，又能带兵打仗。后来祖逖被封为镇西将军，刘琨做了征北中郎将，两个人都实现了报效国家的愿望。

古人说"鸡"

下面这些成语、谚语、俗语、歇后语都带有"鸡"字,小朋友们不妨读一读,记一记:

鸡犬相闻

鸡飞狗跳

鸡飞蛋打

呆若木鸡

偷鸡不成蚀把米

一人得道,鸡犬升天

宁为鸡头,不为凤尾

报晓的公鸡——叫得早

半夜捅鸡窝——暗中捣蛋

逼公鸡下蛋——故意刁难

鸡蛋搁在扁担上——好险

申猴 **酉鸡** 戌狗 亥猪

小朋友,下面这些跟鸡有关的谜语,你能猜出来吗?

1. 头戴大红帽,身披五彩衣,仿佛小闹钟,清早叫人起。(打一动物)
2. 个子不高,全身是毛,轻轻一拂,灰尘全跑。(打一清洁用品)

答案:1. 公鸡 2. 鸡毛掸子

属鸡的名人

◎黄庭坚

黄庭坚是我国北宋时期著名的诗人、书法家。写诗方面,黄庭坚以杜甫为宗,开创了江西诗派,主张写诗要"无意于文,夫无意而意已至",这对北宋之后的诗文创作产生了非常深远的影响。受父亲的影响,黄庭坚从小就对书法产生了浓厚兴趣。作为"苏门四学士"之一,黄庭坚的书法受苏轼影响很深,经过长年的练习与参悟,最终在行书、草书、楷书方面取得了巨大的成就。

◎司马迁

司马迁是西汉时期著名的历史学家、文学家、思想家。年轻时曾漫游各地了解风俗,并将地方传闻摘录整理下来。子承父业的他二十八岁就当上了太史令,为国家著述历史,后由于为战败投降的李陵将军辩解而遭受了残忍的宫刑。不过,忍辱负重的司马迁并没有因此消沉,而是发奋实现父亲穷尽一生也没能实现的理想,创作了中国第一部纪传体通史《史记》,后来,这部伟大的作品被鲁迅誉为"史家之绝唱,无韵之《离骚》"。司马迁被后世尊称为太史公。

藏在十二生肖里的秘密

西鸡——守时、诚信

◎王安石

王安石字介甫，号半山，生活在北宋时期的他是著名的文学家、思想家、政治家。他成功发起了诗文革新运动，改变了社会上的浮夸文风。作为"唐宋八大家"之一的他写过很多名诗，像"墙角数枝梅，凌寒独自开""爆竹声中一岁除，春风送暖入屠苏"等，都是脍炙人口的名句。另外，为了改变北宋"积贫积弱"的局面，王安石还主持了著名的"王安石变法"，但由于变法损害了不少人的利益，并没能长久推行。

◎邓世昌

邓世昌是清朝末年时北洋水师的一位名将，也是中国最早的海军军官之一。1894年，日本舰队突然向中国舰队发起了袭击，黄海海战由此打响。战斗中，邓世昌指挥的致远舰作战最为英勇，接连击中多艘敌舰，让日军闻风丧胆，不过致远舰也在战斗中被击伤。当邓世昌知道已经无路可退时，便抱着与敌人同归于尽的信念，下令用致远舰撞沉敌舰，最后壮烈殉国。邓世昌也因此成为中国近代史上最悲壮的民族英雄。

藏在十二生肖里的秘密

生肖加油站

小朋友，我有几个问题要考考你，你能回答吗？

1. 下面哪个不是鸡爱吃的"零食"？

    A. 蜈蚣　　B. 蝴蝶　　C. 蝗虫　　D. 蝎子

2. 根据鸡的特点，你认为祖逖听到鸡叫起床舞剑的时间，大约相当于现在的几点？

    A. 凌晨1~3点　　B. 凌晨3~5点
    C. 清晨5~7点　　D. 早晨7~9点

3. 看完这一章，你对鸡了解多少呢？试着自己讲一讲吧。

小朋友，能不能请你画一只你心目中的鸡送给我呀？

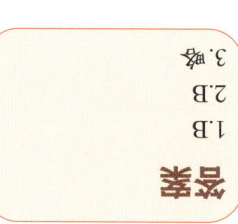

答案
1. B
2. B
3. 略

酉鸡——守时、诚信

36

藏在十二生肖里的秘密

戌狗 —— 忠诚、勇敢

人类的好朋友

◎忠诚友善

狗对主人友善、忠诚,这是大家公认的特点。在家养了一段时间的狗能够辨别主人与陌生人。在主人面前,狗总是格外温顺、乖巧,能服从主人的命令,会黏在主人身边。如果有陌生人靠近,狗会变得警觉起来,并且会通过吼叫的方式表示抗议,即便陌生人用好吃的食物诱惑讨好,如果没有主人同意,大多数的狗也会选择主动避开。如果察觉到危险,一些狗还会挺身而出保护主人。

◎灵敏的鼻子

小朋友,不知你是否注意到,狗和狼其实看起来有一点像,这是因为狼是狗的祖先,在漫长的岁月中,人类通过慢慢驯化狼,让其中一部分变成了狗。驯化的过程中,狼身上的一些特点,特别是那些对人类生产、生活有帮助的,狗都继承了下来,灵敏的嗅觉便是其中之一。根据科学研究,狗发现气味的能力,大约是人类的 100 万倍,可以轻松辨别 2 万多种不同的气味。也正是因为这一特点,狗经常被训练用鼻子来帮助开展探索、救援、侦查等工作,毕竟日常生活中,没有其他动物比狗更适合做这项工作了。

有些味道你闻不出来,但我的鼻子可以。

◎随处尿尿

小狗们走到树桩、柱子、墙角等地方时,经常先用鼻子闻一

闻，然后便抬起脚开始尿尿。不论什么品种的狗都有这个习惯。狗为什么喜欢随处尿尿呢？原来，狗的占有心理很强，而它们占有的方式就是做气味标记，因此到了一个新的环境就会到处撒尿，用来宣誓对这块地方的"主权"。由于狗的嗅觉很强，它们能闻出这里是不是自己的地盘。更有意思的是，它们还能闻出在这里做标记的狗是否比自己厉害。如果认为做标记的狗没有自己强壮，它们还会重新尿一次做上新的标记，把这块地盘给"抢"过来。

申猴　酉鸡　**戌狗**　亥猪

◎ **特别怕热**

狗是一种特别怕热的动物，它们常常把舌头从嘴巴里伸出来给自己降温，有时还会张开嘴大喘气来散发身体里的热量。特别是在炎热的夏天，如果没有别的事情，狗一般都会躲在比较阴凉的地方。比如在城市，狗会躲在空调房里；在农村，狗更愿意趴在背阴处，或者一些有浅浅水面的地方，有时还会到水里游个泳。如果你家养了狗，并且狗跟你很友好，你可以在夏天观察它脚上的肉垫，用手摸一摸，会有湿湿的感觉。因为那里分布着狗的汗腺，热的时候会一直出汗。

形形色色的"汪星人"

狼虽然是狗的祖先，但通过长期的驯化，狗早已分化出形形色色的品种，有的还带着些狼身上的凶猛，有些看上去则跟狼一点关系都没有，软萌可爱的它们仿佛完全成了另一种动物。有些"汪星人"是中国特有的品种，你见过它们，了解它们吗？

◎中华田园犬

中华田园犬，从名字上来看不难知道，它们主要生活在中国的农村，也叫土狗、柴狗。在中国几千年农耕社会的背景下，中华田园犬一直扮演外出打猎或者看家护院的角色，被誉为中华田园历史和文化的活化石，有"国犬"的美名。由于中华田园犬的样子憨厚可爱、略显呆萌，现在也有越来越多的人把它当宠物来养。

◎中国藏獒

藏獒是世界上公认的最古老、最稀有的大型犬种，它们主要生活在海拔3000～5000米的青藏高原上。藏獒是游牧民族牧羊放牛的好帮手，加上对主人格外忠诚，它们也成了藏族群众心目中的护卫犬和保护神，有"东方神犬"的美名。

藏獒对主人温顺体贴，但并不是对每个人都友善，它们有很强的领地意识，一旦有陌生人进入，藏獒很快就会进入攻击状态。为了避免发生伤人事件，人口密集的城市里是不允许养藏獒的。

◎松狮

松狮是一种原产于中国的狗，有2000多年的历史，因为毛发蓬松，像个小狮子一样而得名。它外形美丽，表情有趣，给人一种高贵的感觉，走起路来也非常可爱，而且相比于其他的狗，松狮的性格要文静得多，据说在唐朝时期深受皇帝喜欢。不过，虽然松狮性格温和，但也个性十足，有一股固执和自我的劲儿。如果你和它不是很熟，不要轻易逗它玩，否则它会把它傲慢凶狠的一面展现给你。

◎京巴

京巴有个听上去很高贵的名字，叫宫廷狮子狗，因为它从秦朝开始，就一直是养在皇宫里的狗类，供王公妃嫔们赏玩。京巴体型不大，全身都有长长软软的毛发，一双耳朵耷拉下来贴在脑袋两侧，看上去非常可爱，给人一种优美、精致的感觉，加上京巴大都聪明活泼，喜欢跟人打闹玩耍，在历代王朝都备受宠爱。由于黏人的特点，京巴也成为现在中国最普及的陪伴观赏宠物，给不少人的生活带去了欢乐。

藏在十二生肖里的秘密

戌狗 —— 忠诚、勇敢

狗狗的尾巴会说话

狗身上有一个部位，能够比较准确地表达它们心中的想法，这个部位就是它的尾巴，有人更是把它看成"狗狗心情信号灯"。下面几种情况，基本包括了狗通过尾巴能传递的几种情绪，大家不妨一起来看看吧。

◎与熟人打招呼

狗在见到主人或者熟悉的人，以及与它很友好的伙伴时，会通过摇尾巴的方式来打招呼，表达一种高兴的心情。而且这个时候，狗全身的每个部位都非常放松，尾巴摇摆的状态非常自然。这是因为狗在与熟人打招呼或与伙伴相处时，放松了警惕，跟人在舒适的环境中容易放松身心是一个道理。

◎感到无聊

如果你发现狗在摇尾巴，并且让尾巴旋转起来，或者发现狗在跟自己的尾巴较劲，想咬住它时，说明它感到无聊了。这个时

候如果你有时间,可以陪它玩一会儿;没时间的话也可以对它说两句安慰的话,用声音让它知道你在关注它,或者给它一些爱吃的零食也行。

◎ **受到威胁**

狗是一种非常机警的动物,当它发现自己的安全受到威胁时,会迅速进入战斗状态。这时的狗会高高举起尾巴,并且僵硬地左右摆动,同时露出凶狠的表情。如果你发现眼前的狗是这种情况,一定要小心,它可能把你当成了一种威胁,记得与它保持一定距离。

◎ **害怕示弱**

如果狗认为眼前的威胁过于强大,没有任何胜算时,就会把尾巴夹在两条后腿中间,并且轻轻地摇摆,眼睛也不敢往前看。另外,家养的狗在得知自己犯错误可能被主人打骂时,也可能表现出害怕示弱的样子。这种情况下不要再去刺激它或者吓唬它,否则很容易让害怕不已的狗放手一搏,发疯似的咬人。

最后还有一种状态,那就是狗一边轻轻地摇着尾巴,一边将两只耳朵一扇一扇的,同时歪着脑袋,用水汪汪的大眼睛望着你,这就说明它对你可能有点好奇。

灵犬黄耳

　　陆机是西晋时期的一位诗人,他有一条名叫"黄耳"的狗。

　　一次,陆机有非常紧急的事情要通知远在故乡的母亲,但身边却没有合适的送信人。最后,他把黄耳叫了过来,郑重地把任务托付给它。不知黄耳是感受到了主人身上浓重的焦虑和不安,还是真的听懂了主人的话,接到任务的黄耳回头望了望,便头也不回地朝故乡的方向跑去。

　　让陆机没想到的是,才过了半个多月,黄耳就带着母亲的信回来了。陆机望着疲惫不堪的黄耳,既欣喜又心疼,他迫不及待地将黄耳搂在怀里,以最快速度读完了母亲的回信。之后正当他准备好好犒劳黄耳时,才发现黄耳趴在地上一动不动,早已咽下了最后一口气。

　　一想到黄耳带着嘱托,连夜奔走赶回家乡送信,拿到信后又日夜兼程地赶回,最后因为过度劳累、体力不支而去世,陆机就心疼不已。为了纪念黄耳,陆机在离家不远的地方建了一座小墓,将黄耳埋葬在那儿。村民们知道了这件事,都把这个地方称作"黄耳冢",灵犬黄耳的故事也由此慢慢流传开来。

哮天犬是中国神话传说中的一只名犬，最早出现在志怪小说《搜神记》中，后来在《封神演义》和《西游记》中都出现过。

哮天犬是待在二郎神身边的一只神兽，更是二郎神的得意法宝。之所以这样说，是因为《封神演义》中提到的哮天犬平时就像纸片一样，可以装进口袋里。需要它时，再随时将它取出来就行。而且薄如纸片的哮天犬很快就能变得跟大象一样魁梧强壮，不管是狩猎冲锋还是斩妖除魔，通通不在话下。

申猴 酉鸡 **戌狗** 亥猪

另外，关于哮天犬，民间还流传着"天狗吃月""天狗吃日"的传说，认为月亮和太阳隔一段时间就会从天空中消失，或者变得残缺，都是因为哮天犬在捣乱，从而给人间带来无妄之灾。其实，这都是因为古人不了解天体运动而造成的误会。毕竟哮天犬再骁勇善战，巨大的太阳和月亮它是怎么也吃不下的。

天狗吃月是咋回事

　　日食、月食是两种比较特殊的天文现象，由于太阳、地球、月球之间不断变化的位置关系，好端端的太阳和月亮，有时会因为光线的遮挡而突然"缺掉"一块，甚至完全消失或改变颜色。

　　由于古时候的科学不发达，人们便认为这些奇怪的现象是"天狗"造成的，并认为这些天象将给人间带来灾难。因此当所谓的"天狗吃月""天狗吃日"发生时，不少人都惊恐不已。

　　天狗吃月就是现在的月食，天狗吃日就是日食了。它们到底是怎么发生的呢？

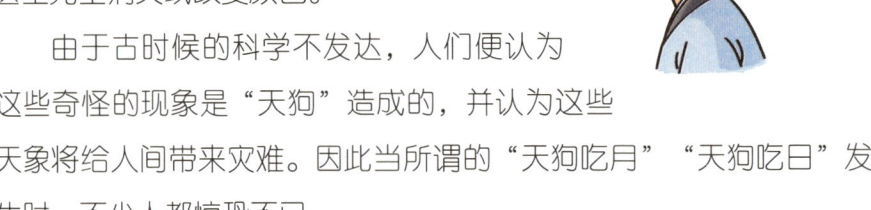

　　地球是太阳系的八大行星之一，要绕着太阳旋转。月球是地球的卫星，要绕着地球旋转。在不断旋转的过程中，当太阳、地球、月球三者恰好或几乎位于同一条直线上，并且地球刚好在太阳和月球之间时，太阳照射到月球上的光线就会部分或完全被地球挡住，这就是月食产生的原因。

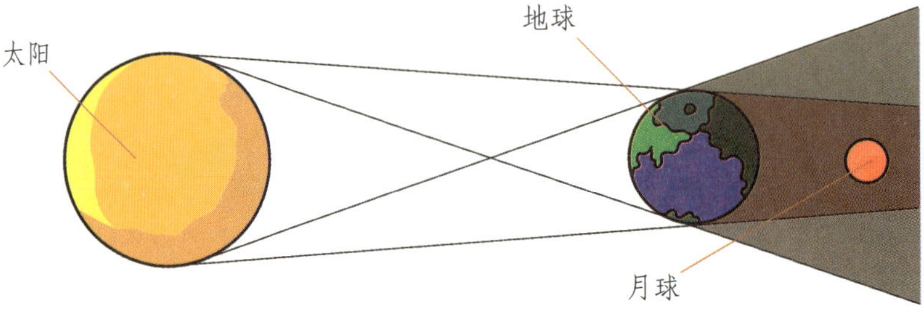

月食一共有三种类型：月全食、月偏食、半影月食。
当地球背后的阴影挡住整个月球时，就会形成月全食。

 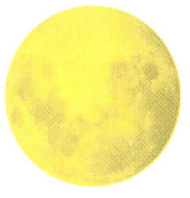

当地球背后的阴影只挡住部分月球时，就会形成月偏食。

如果月球只是从地球背后阴影的外围掠过，则会形成半影月食。由于这时月亮表面的亮度变化不大，不仔细观察很难被人注意。

一次月食包含五大过程，其中：初亏代表月食开始；食既代表整个月亮进入地球背后的阴影中；食甚表明月球位于地球背后阴影的最中间，这时月亮表面会变成暗红色或红铜色，"血月"的说法就是这么来的；之后是生光，月亮逐步要从地球背后的阴影中走出来；最后是复圆，月亮恢复成平时的样子。

藏在十二生肖里的秘密

戌狗——忠诚、勇敢

诗词里的"狗"

狗也是人类最早就驯化的动物之一,在日常生活中发挥着巨大作用,看家守院便是其中之一。另外,由于狗生性勇猛而好斗,喜动又易醒,善于守夜,又能协助主人狩猎,因而成了人类忠实的朋友。自古以来,爱狗之人就不在少数,一些文豪大家还专门为狗写过一些有趣的作品。

逢雪宿芙蓉山主人

[唐] 刘长卿

日暮苍山远,天寒白屋贫。
柴门闻犬吠,风雪夜归人。

译文

暮色降临,苍茫的山色让人觉得路途遥远,天寒地冻,更让白雪覆盖的茅屋显得贫困。柴门外忽然传来声声狗叫,大概是芙蓉山的主人披风戴雪赶回来了吧。

咏狗诗

[宋]苏轼

乌喙本海獒，幸我为之主。食余已瓠肥，终不忧鼎俎。
昼驯识宾客，夜悍为门户。知我当北还，掉尾喜欲舞。
跳踉趁僮仆，吐舌喘汗雨。长桥不肯蹑，径度清深浦。
拍浮似鹅鸭，登岸剧虓虎。盗肉亦小疵，鞭箠当贳汝。
再拜谢恩厚，天不遣言语。何当寄家书，黄耳定乃祖。

申猴　酉鸡　**戌狗**　亥猪

简析

　　这首诗是苏轼为他养的一只名叫"乌嘴"的狗写的。整首诗写得很有意思，比如开头一句：你本是一条海南的大狗，有幸让我成为你的主人。你吃饱喝足长得很肥壮了，终于不用担心会被烹煮吃掉了。中间则用很多细节描写，表现出了苏轼对这只狗儿的喜爱，哪怕有些小问题，苏轼也能睁一只眼闭一只眼，如：盗肉是你的一个小缺点，不鞭打你并且将你赦免，这是我大度。如果这只狗不可爱，苏轼又怎么会如此喜欢它呢？

成语故事：狗尾续貂

《晋书·赵王伦传》

古代近侍官员用貂尾装饰帽子，由于封官太多，貂尾不够用，只好用狗尾代替。比喻拿不好的东西接到好的东西后面，显得好坏不相称（多指文学作品）。

晋武帝司马炎死后，赵王司马伦借机发动政变，并且自称"皇帝"。

由于名不正、言不顺，司马伦整日忧心忡忡。为了快速笼络朝臣，扩大自己的势力范围，司马伦大封文武百官，那些帮助他篡位有功的人，他的一些朋友远亲，甚至是一些功劳较大的仆人都跟着他飞黄腾达了。一时间，每天上朝时，殿上的大臣都挤得满满的。

根据当时的规定，王侯大臣都要戴用貂尾装饰的帽子来表明身份，然而司马伦大肆封官，导致貂尾一时不够用，因此只好用颜色和形状与貂尾相似的狗尾来代替。

由于当时的官员太多，百姓议论纷纷，编了"貂不足，狗尾续"的民谣讽刺朝廷，意思是：朝中的官员太多了，貂尾不够，只好用狗尾来代替。由于盲目扩大官员的规模，但其中有能力的人并不多，司马伦的政权很快就被推翻了。

古人说"狗"

狗也叫"犬",因此像成语、谚语、俗语、歇后语中,既有带犬字的,也有带狗字的。小朋友们不妨读一读,记一记:

狐朋狗友

蝇营狗苟

鸡犬不宁

犬马之劳

画虎不成反类犬

狗嘴里吐不出象牙

鸟尽弓藏,兔死狗烹

狗拿耗子——多管闲事

肉包子打狗——有去无回

狗咬吕洞宾——不识好人心

申猴　酉鸡　**戌狗**　亥猪

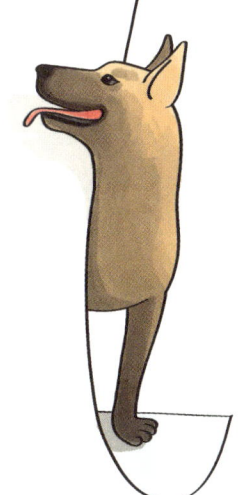

小朋友,下面这些跟狗有关的谜语,你能猜出来吗?

1. 走起路来落梅花,从早到晚守着家,看见小偷吠不停,见了主人摇尾巴。(打一动物)
2. 站着没有坐着高,一年四季穿皮袄。看见生人它就叫,看见主人把尾摇。(打一动物)

谜底 1.狗 2.狗

藏在十二生肖里的秘密

戌狗——忠诚、勇敢

属狗的名人

◎孙权

孙权也叫孙仲谋，是三国时代东吴的建国皇帝，同时也是一位优秀的政治家与军事统帅。建安十三年时，孙权手下的鲁肃与刘备手下的诸葛亮一拍即合，双方结成盟军，组队与北方的曹操相抗衡，并且成功借助东风的力量，以火攻的方式大败曹军，取得赤壁之战的胜利。之后，孙权又成功袭击荆州，扩大了掌控的领土面积，孙权也被册封为吴王，建立了吴国，推行了一系列的政策与措施，带动了江南一带的经济发展。

◎李渊

李渊是唐朝的开国皇帝，是中国古代一位著名的政治家、军事家。称帝之后，李渊平定了各地的起义，为全国的统一与和平稳定打牢了基础。在位期间的李渊虚心纳谏，要求大臣直言不讳地指出问题；同时广纳贤才，通过科举制度为国家寻找优秀人士。李渊还在军事上加强军备，巩固国防；农业上大力发展生产，厉行节约。李渊大力推行的这些措施，为唐朝后续走向辉煌打下了坚实的基础。

◎汤显祖

汤显祖是中国明朝一位非常著名的戏曲家。出身于书香门第的他非常博学,不仅擅长写古诗文,而且上知天文,下知地理,对医药与占卜之类的内容也如数家珍,年纪轻轻便名声在外。汤显祖也走过一段仕途,但最终还是选择潜心研究戏曲与诗词创作,其中他的《还魂记》《紫钗记》《南柯记》《邯郸记》合称"临川四梦",其中以《还魂记》也就是《牡丹亭》的名声最大。这些剧作不但为中国人民所喜爱,也被视为世界戏剧艺术的珍品。

◎冯梦龙

冯梦龙是明朝另一位著名的戏曲家。他虽然出身于士大夫家庭,从小也喜爱读书,却因为屡次落榜而没有直接走上仕途,不过这也给他提供了许多与社会底层人民接触的机会。由于长时间走访茶铺酒楼等市井场所,冯梦龙积累了大量民间文学的史料,这为他后期创作小说、戏曲、民歌、笑话等通俗文学作品提供了丰富的素材,其中《喻世明言》《警世通言》《醒世恒言》是他最著名的代表作,合称"三言"。

藏在十二生肖里的秘密

戌狗 —— 忠诚、勇敢

生肖加油站

小朋友，我有几个问题要考考你，你能回答吗?

1. 以下哪项与狗的特征不符?

   A. 抓老鼠　B. 看家护院　C. 抓罪犯　D. 陪伴主人

2. 狗可以通过训练完成以下哪项工作?

   A. 犯罪侦查　B. 辨别气味　C. 牧羊　D. 以上都对

3. 看完这一章，你对狗了解多少呢? 试着自己讲一讲吧。

小朋友，能不能请你画一只你心目中的狗送给我呀?

答案
1.A
2.D
3.略

藏在十二生肖里的秘密

生肖之末——猪

别看猪位列十二生肖的最后一位，它却是六畜之首，排在牛、羊、马、鸡、狗的前面。这是因为猪是六畜中最先被人类驯服的野生动物，意味着人类已经开始尝试改变自然、利用自然，具有特殊的意义。另外，人类养猪的历史距今已有六七千年，猪为人类生活提供了重要的肉食来源，这也是其他动物远远比不上的。

咱猪在十二生肖排最后。

但咱猪在六畜中排第一啊。

亥猪——憨厚、淳朴

◎憨厚老实

圆滚滚、胖墩墩的猪是人类最熟悉的动物之一，它们大都身体肥壮，四肢短小，大大的脑袋两边各有一只肥大的耳朵，鼻子和嘴巴突出向前，身后再配上一个打成圈的小尾巴，走起路来憨态可掬。

猪的性格非常温顺，对环境的适应力很强，生活简单、作息规律，而且不挑剔。一个小小的猪圈里同时养四五头猪也没什么问题，只要一日三餐能按时吃饭，吃饱喝足之后，可爱的猪们就会酣然入睡。猪圈里的猪一般都能和平共处，相互之间很少打架，也不会轻易从猪圈里逃跑。为此，猪在人们心目中是最老实安分的家畜之一，憨厚老实就是它们的真实写照。

◎喜欢的食物

科学家通过研究发现，在各种不同味道的食物中，猪更喜欢吃甜食，连刚出生的小猪也是这样，这说明猪对甜食的喜爱是天生的。

另外，如果把粉末状和颗粒状的食物摆在猪的面前，它会更喜欢颗粒状的食物。如果把干的食物和湿的食物摆在猪的面前，它会更喜欢湿的食物。因为这样它们吃起来更轻松。

所以，你知道猪最喜欢什么食物了吗？那就是有汤汁、有颗粒状的食物，里面最好还有一点点甜味。

◎神奇的猪鼻子

猪有一个特点——喜欢拱土。即便是养在猪圈中的家猪，仍然喜欢用它们那突出的鼻子沿着食槽拱动。原来，猪生活在野外时，就喜欢用鼻子到土里翻来翻去，通过这种方式来寻找埋藏在地下的根茎类食物。家猪把这个习惯保留了下来，即便食物就在面前，它们还是喜欢用鼻子拱来拱去。

后来，人们还发现猪鼻子有防毒的作用。第二次世界大战时，德军在战场施放毒气，打扫战场时人们发现，当地的猪都活得好好的，仿佛没事一般。经过研究人们才知道，原来泥土中的细微颗粒可以很好地过滤、吸附毒气，而猪将鼻子插进松散的泥土中，相当于呼吸了被泥土过滤的空气。受此启发，科学家根据猪鼻子的构造，发明了人戴的长鼻式过滤器防毒面具。

据说人类的防毒面具，是仿照俺老猪的鼻子发明的。

家猪与野猪

家养的猪最早是由野猪驯化而来的,经过漫长的演变,现在它们之间的区别已经比较明显了。

首先是身体颜色。家猪一般为白色,而野猪的颜色比较丰富,像黑的、白的、酱红的、黑白花色的都有。

然后是身体形态。由于野猪的运动量远远大于家猪,所以野猪体内的脂肪含量比家猪要低一些,看起来要更加精瘦。

第三是獠牙长短。獠牙是猪的防御武器,也是野外觅食和拱土的重要工具,因此野猪的獠牙比较长。家养的猪既不用担心食物,也不用担心安全,獠牙慢慢就退化了。

第四是性格。家猪的性格比较温顺,而野猪则比较狂野,这是不同生活环境造成的。

第五是猪肉颜色。把家猪和野猪的肉进行比较,会发现野猪肉比家猪肉的颜色更红一些,这是因为野猪肉的铁含量更高。

最后,野猪属于三有保护动物,即国家保护的有益的或者有重要经济、科学研究价值的陆生野生动物,随意捕杀野猪是违法的行为。

亥猪——憨厚、淳朴

豪猪不是猪

说起猪，有的小朋友可能会想到一种名字带猪的动物——豪猪。

豪猪以黑色或黑褐色的居多，全身都长满了尖刺。这些刺是由身上的体毛进化而来的，中间空心，一部分尖刺的顶端还有倒向的钩子，既坚硬又锋利，就像一根根利箭一样。一旦有敌人准备向豪猪进攻，它就会把全身的刺张开，让那些贸然进攻的敌人尝试被刺狠扎的感觉。这些刺容易脱落，加上顶部有倒钩，一旦扎进敌人身体，将它们拔出来还要再受一次伤害。所以，就算是狮子、猎豹之类的猛兽，也不敢随随便便挑战豪猪。

但你知道吗，虽然豪猪的名字里有一个"猪"字，但在生物学的分类上，它属于啮齿目动物。换句话说，豪猪其实是一只"大老鼠"，跟猪没有一点儿关系。而且豪猪是一种夜行性动物，喜欢昼伏夜出，这一点也跟老鼠非常相似。

最后，别看豪猪全身佩戴凶狠的武器，一副盛气凌人的样子，其实豪猪的胆子非常小，平时也很温和，几乎没有主动攻击其他动物的欲望，只有自己面临危险时，才不得不全副武装，摆出战斗姿态。

关于猪的两大误会

◎笨猪不笨

一说起猪，人们很容易把它和"笨"联系在一起，再加上呆头呆脑的样子，更容易让人相信这样的观点。不过，根据科学家的研究，笨猪其实并不笨，猪的智商甚至在动物界还比较靠前。猪的长期记忆力很强，嗅觉也非常灵敏，通过闻气味，猪甚至可以很轻松地完成迷宫测试。认为外表憨憨的猪就一定很笨，其实是"以貌取猪"了。

在远古时期，也就是人类还没有将猪驯服之前，猪的祖先可是野外生存的高手。民间向来流传着这样一句话——一猪二熊三老虎。这个是按照野生动物对人类造成的威胁大小来排的，野猪居然排在熊和老虎的前面，这足以说明野猪一点儿也不笨。

那为什么现在的猪给人一种笨笨的感觉呢？那是因为家猪生活在相对安全、吃饭不愁的环境下，它的那些聪明才智都用不上，吃了睡，睡了吃，自然给人一种笨笨的感觉了。

俺们猪其实可聪明了，但人类偏偏不信。

◎猪也爱卫生

人对猪的另一种印象就是又臭又脏，一点儿也不讲卫生。这种印象，大都来自过去农村猪圈里散发出来的难闻气味，或者是电视、视频里播放的脏脏的画面。时间一长，猪又臭又脏就成了人们心目中根深蒂固的印象。

其实，科学家们发现，猪原本是一种天生喜欢干净的动物，而且野猪也会在不同的地方进食、排泄。但由于猪的身体里没有汗腺，不能通过流汗的方式调节体温，需要趴在比较凉的地面上，或者通过把身体弄湿来降温。如果既没有冰凉的地面，又没有水弄湿身体，它们就会在泥里打滚，通过用泥巴裹满全身的方式来降温，同时防止寄生虫。所以猪本身不会有酸臭味，这一点可以从猪肉的味道来证明。毕竟相对于牛、羊或其他肉制品，猪肉哪怕不加很多作料，味道也可以很不错。

养猪时，如果猪的生活空间够大，它们也会将进食和排泄的地点分得比较开，这样就不容易产生难闻的臭味了。

藏在十二生肖里的秘密

亥猪——憨厚、淳朴

猪的地位不一般

你知道吗，汉字里的"家"字，其实跟猪有密切的联系，宝盖头下面的豕指的就是猪。古人在家养猪时，一般都会把猪安顿在一个距离卧室不远的地方，有的甚至会让猪跟自己住在一个屋檐下，方便饲养照料。古人就是依照

嘿嘿，俺可是吉祥物。

这个发明了"家"字，其中宝盖头代表的就是人住的房子。房子的下面就是猪，人跟猪同时住在一个房子里，由此可见猪在古人心中的地位有多高。

除了地位，猪在古代的经济价值也很高。由于全身上下都是宝，猪也被认为是财富的象征，让人发家致富。很多存钱罐做成小猪的形象，里面就蕴含着聚拢钱财的美好愿望。

有了科举制度后，猪还跟中榜产生了关联。由于考官要用红色的笔阅卷批改，这是影响仕途的人生大事。过去红色也叫朱红，于是人们便借用谐音，在考试前给考生送猪蹄，祝他们能"朱笔题名"，也就是考试高中。

最后，猪还是古代祭天、祭神、祭祖不可缺少的重要祭品，由此可见，猪的地位确实不同一般。

生肖小故事

◎天道酬勤

猪跑得不算快,身体也算不上灵巧,它又是怎样位列十二生肖之中的呢?这就得说一说最后一个生肖小故事——天道酬勤。

原来,齐天峰争霸赛的消息在动物之间传开后,猪就在暗暗盘算,自己没有特殊的本领,如果错过了这次当选十二生肖的机会,估计就再没有机会跟神仙沾边了。于是千方百计找人打听,确定比赛的日子。

知道自己耐力差又走得慢,猪提前一天就出发上山了。然而一路上艰难险阻数不胜数,也没有足够的食物,实在走不动了就在路边歇一歇。凭借强大的毅力和不放弃的信念,猪在瘦了一大圈之后,终于赶到了南天门。然而,它还是晚了一步,规定的时辰已经过了。

喘得上气不接下气的猪试着向门神求情,其他动物也被猪的不懈努力打动,主动为它当说客。玉帝知道这件事后,被其勤勉和真诚感动,加上刚好还差一个动物凑满十二生肖,就同意放它进南天门。就这样,猪赶上了十二生肖选拔赛的末班车,排在十二生肖的最后。

猪还挺努力,让它进来吧。

猪家有异兽

我国古代奇书《山海经》中描写过四大猪形异兽，它们形态各异并且身怀绝技。

◎凿齿

《山海经·海外南经》："昆仑虚在其东，虚四方。一曰在岐舌东，为虚四方。羿与凿齿战于寿华之野，羿射杀之。在昆仑虚东。羿持弓矢，凿齿持盾，一曰戈。"

按照《山海经》的记载，凿齿生活在南部沼泽地区，因为长着凿子一样的长牙而得名。据说凿齿手中还拿着矛和盾，而且喜欢捕食人类，帝尧便命令羿前去讨伐。凿齿看到羿来了，连忙用盾牌做掩护，同时试着用长长的牙齿发动攻击。羿举起宝剑，一下便将盾牌砍成两半。失去保护的凿齿落荒而逃，羿一拉弓，一箭便射中了凿齿，为民除了一大害。

◎山膏

《山海经·山中经》："又东二十里，曰苦山。有兽焉，名曰山膏，其状如逐，赤若丹火，善詈。"

按照《山海经》的记载，山膏这种神兽生活在苦山上，全身像火一样红彤彤的。山膏的样子有点儿像猪，脾气非常火暴，稍微有一点点不开心就破口大骂。

◎狸力

《山海经·南次二经》:"南次二经之首,曰柜山,西临流黄,北望诸毗,东望长右。英水出焉,西南流注于赤水,其中多白玉,多丹粟。有兽焉,其状如豚,有距,其音如狗吠,其名曰狸力,见则其县多土功。"

按照《山海经》的记载,狸力这只上古神兽生活在柜山,长得有点像猪,但是长着像鸡一样的爪子,叫声像狗。狸力特别喜欢挖土,它出现在哪个地方,哪个地方就要加强治水工程。另外,狸力还喜欢待在土地肥沃的地方,然后到处翻找粮食,破坏农田和庄稼,所以人们特别讨厌它。

◎当康

《山海经·东次四经》:"又东南二百里,曰钦山,多金玉而无石。师水出焉,而北流注于皋泽,其中多鳡鱼,多文贝。有兽焉。其状如豚而有牙,其名曰当康,其鸣自叫,见则天下大穰。"

按照《山海经》的记载,当康生活在金玉遍布、没有石头的钦山。这个地方水源充足,生活着许多鳡鱼、贝类。当康的样子也很像猪,但它和其他三种猪形异兽不同,它是瑞兽。只要它出现,庄稼必定丰收,所以人们都希望当康降临,把丰收的喜悦带到身边。

藏在十二生肖里的秘密

诗词里的"猪"

和人类日常生活关系密切的猪,很早就在古诗文中出现了。养猪是农家田园生活的一部分,诗人也试着借写养猪来表述对与世无争的农家生活的向往。另外,每种生肖动物其实都有忠实的粉丝,只不过有的热爱动物的顽皮,有的则垂涎它们的美味⋯⋯

田家三首(节选)

[唐]王绩

小池聊养鹤,闲田且牧猪。
草生元亮径,花暗子云居。

简析

无聊时就在池塘里养鹤,空闲时就在田野里放猪。门前的小路绿草丛生,窗前的花浓密成荫,房间都因为它的遮挡而变暗了。里面的元亮、子云,分别指的是东晋诗人陶渊明和西汉学者扬雄,他们一个享受田园生活的乐趣,一个曾在安静的田园风光中读书。这两句诗营造了一种农家田园生活幽静清闲的氛围。

亥猪——憨厚、淳朴

66

猪肉颂（节选）

［宋］苏轼

净洗铛，少著水，柴头罨烟焰不起。
待他自熟莫催他，火候足时他自美。

简析

北宋文豪苏轼对猪肉情有独钟，自从他被贬到黄州之后，就开始认真研究各种美味佳肴。他发现，将半肥半瘦的五花肉切成小方块之后，用小火慢慢煨到红酥油亮、汤质浓稠时，味道格外好。苏轼对自己创作的这道菜很满意，于是戏作了一首《猪肉赋》，对做肉的关键步骤进行总结。不少人认为苏轼这道菜味道不错，并且把用这种方法做出来的猪肉称为"东坡肉"。

藏在十二生肖里的秘密

成语故事：行若狗彘

出处　西汉·贾谊《论治安策》

释义　人的行为像猪狗一样，用来形容一个人无耻。

　　子夏是孔子的门下弟子之一，后来也成了一位著名的思想家，门下也收了一些徒弟。到了战国时期，子夏门下的一位徒弟向另一位著名思想家墨子问了一个问题："君子有没有标准？"

　　墨子听了，摇摇头说："君子没有固定的标准。"

　　子夏的徒弟想了想，又问："猪狗都有标准，那作恶的人有没有标准呢？"

　　墨子回答："有些人口头上说得好听，但做出来的行为却连猪狗都比不上，这样的人不能称为君子。"

　　子夏的徒弟听完后，恍然大悟，向墨子深深鞠了一躬，然后离开了。

亥猪——憨厚、淳朴

古人说"猪"

带猪字的成语比较少，一般都用"彘"或者"豕"；民间的谚语、俗语、歇后语中，带猪字的比较多。小朋友们不妨读一读，记一记：

彘肩斗酒

狗彘不食

辽东之豕

猪突豨勇

猪狗不如

人怕出名猪怕壮

死猪不怕开水烫

山猪吃不来细糠

猪鼻子插大葱——装象

猪八戒上阵——倒打一耙

猪八戒照镜子——里外不是人

申猴　酉鸡　戌狗　**亥猪**

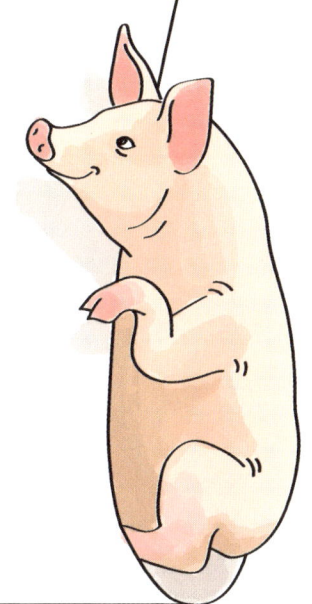

小朋友，下面这些跟猪有关的谜语，你能猜出来吗？

1. 身体肥胖眼睛小，耳大嘴啜泥里跑。肉鲜味美皮做鞋，鬃毛做刷数它好。（打一《西游记》人物）
2. 猪八戒过火焰山。（打一美味佳肴）

谜底：1. 猪八戒　2. 红烧猪蹄

藏在十二生肖里的秘密

亥猪 —— 憨厚、淳朴

属猪的名人

◎包拯

包拯是北宋时期的一位名臣，他有个更为大家熟知的名字——包青天。这是因为包拯为人刚毅，执法严格，断案时铁面无私，从不攀附、畏惧权贵，敢于替百姓打抱不平，在惩处贪官污吏方面从不手软，甚至弹劾过多位宰相级别的官员。另外，包拯对自己的要求也非常严格，为官廉洁公正，是中国历史上杰出的清官代表。他这种刚正不阿的形象深受百姓喜爱，民间更是把他奉为神明，亲切地称他为"包公"。

◎赵匡胤

赵匡胤是宋朝的开国皇帝。他在位期间，当朝宰相赵普给他出了一个策略，按照"先南后北、先易后难"的顺序，先后灭亡荆南、武平、后蜀、南汉及南唐南方的割据政权。赵匡胤按照这个方法，实现了对全国大部的统一。之后，又通过两次"杯酒释兵权"，削掉了禁军将领与地方藩镇势力的兵权，让中央集权得到大幅加强，解决了唐朝中期之后地方节度使拥兵自重的问题，为宋朝走向繁盛奠定了基础。

◎忽必烈

忽必烈是元朝的开国皇帝，他是蒙古族人，是成吉思汗铁木真的孙子，全名叫孛儿只斤·忽必烈。忽必烈是蒙古族中为数不多重视汉文化，并且推崇儒术的统治者。忽必烈首创的行省制是影响非常深远的制度之一，它有效巩固了国家对地方的统治能力，中国现代省制划分的源头就来自这里。另外，忽必烈还注重加强对边地的控制，注重农桑，提倡开办学校，使得社会经济得以恢复、发展。

申猴　酉鸡　戌狗　亥猪

◎王冕

王冕是元朝的一位诗人，同时还是一位画家与篆刻家，更难能可贵的是，这些都是靠王冕自学而成的。由于出身贫寒，王冕很小的时候就靠帮别人家放牛而生。不过，王冕会在放牛时偷偷溜到学堂边听课，然后默默把听到的东西记下来，就这样积累了不少知识。王冕一生热爱梅花，长大后开始专研种梅，既歌咏梅花，又研究画梅花，擅长以梅、竹为主题的水墨画，像《南枝春早图》《墨梅图》等，都是流传至今的大作。

藏在十二生肖里的秘密

生肖加油站

小朋友，我有几个问题要考考你，你能回答吗？

1. 下面哪个描述不符合猪的特点？

   A. 喜欢甜食　B. 善于拱土　C. 嗅觉灵敏　D. 经常出汗

2. 下面哪个猪的形象不是出自《山海经》？

   A. 山膏　B. 狸力　C. 当康　D. 猪八戒

3. 看完这一章，你对猪了解多少呢？试着自己讲一讲吧。

小朋友，能不能请你画一只你心目中的猪送给我呀？

亥猪——憨厚、淳朴

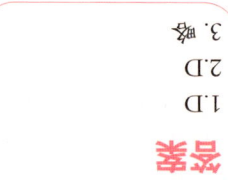

答案
1.D
2.D
3. 略